L'INDUSTRIE FRANÇAISE

DEPUIS

LA RÉVOLUTION DE FÉVRIER.

Imp. de Gustave GRATIOT, rue de la Monnaie, 11

L'INDUSTRIE FRANÇAISE

DEPUIS

LA RÉVOLUTION DE FÉVRIER,

ET

L'EXPOSITION DE 1849,

PAR

M. A. AUDIGANNE,

Chef du bureau de l'Industrie au ministère de l'Agriculture
et du Commerce.

PARIS,

GUILLAUMIN ET Cⁱᵉ, LIBRAIRES,

Éditeurs du *Dictionnaire du Commerce et des Marchandises*, du *Journal des Économistes*, de la *Collection des principaux Économistes*, etc.
14, RUE RICHELIEU.

1849

L'INDUSTRIE FRANÇAISE

DEPUIS LA RÉVOLUTION DE FÉVRIER [1].

Au moment où l'industrie française, à peine échappée à d'épouvantables désastres, vient soumettre ses produits à l'épreuve d'une Exposition solennelle, il importe que l'on sache dans quel état l'a laissée l'ébranlement si profond de 1848. En quelle proportion les forces productives du pays se sont-elles amoindries? Quels ont été les moyens mis en œuvre pour suppléer au mouvement régulier des transactions? Quelles perspectives se déploient aujourd'hui devant la production nationale? N'y a-t-il pas enfin quelques leçons fécondes à tirer des malheurs mêmes qui l'ont assaillie? Ce sont là autant de questions qu'on a trop négligées depuis le commencement de la crise industrielle et révolutionnaire, et qui appellent cependant la plus sérieuse attention des économistes.

Le gouvernement de juillet avait imprimé au développement industriel du pays une impulsion considérable. A travers toutes les péripéties de son histoire, sa politique intérieure atteste la constante préoccupation de diriger les activités individuelles vers la vaste arène de l'industrie. Le pouvoir voyait là un moyen pour détourner les esprits des traditions révolutionnaires, toujours si vivaces au

[1] Cette étude sur l'industrie française depuis la révolution de février, a été publiée pour la première fois dans la *Revue des Deux-Mondes*, livraison du 15 juin 1849.

sein de notre société. Décorations, éloges officiels, places honorifiques, large part à l'influence politique et aux avantages sociaux, il ne négligea rien de ce qui pouvait susciter des désirs, provoquer des efforts conformes à la pensée dont il était animé. Son initiative a-t-elle donné naissance à un mouvement factice et stérile, ou bien a-t-elle correspondu à un besoin réel du pays? Il n'est pas possible de méconnaître que la France a suivi son gouvernement dans la carrière industrielle avec un docile empressement. Je n'en voudrais pour preuve que l'attitude des manufacturiers et du public aux trois grandes Expositions ouvertes à Paris, à cinq ans d'intervalle, en 1834, 1839 et 1844. Les fabricants s'y disputent de plus en plus l'espace et rivalisent pour accroître l'éclat de ces fêtes nationales[1]. Le public porte de son côté, sous les galeries où sont étalés les produits de nos fabriques, une curiosité et un intérêt qui l'associent étroitement aux destinées de l'institution. Cet accord persévérant, ces manifestations spontanées, cet élan des volontés, ne témoignent-ils pas assez haut que le pouvoir ne s'était pas trompé sur les dispositions véritables des esprits? Si ses vues n'avaient eu pour origine qu'un calcul intéressé, si un rapport intime ne les avait pas rattachées aux nécessités de l'époque, la France ne se serait point prêtée aussi complaisamment à une expérience arbitraire. Elle a répondu à l'appel qui la pressait, parce qu'elle sentait elle-même le besoin d'élargir la sphère de sa puissance économique.

L'excitation donnée à l'industrie impliquait de la part du gouvernement l'obligation de favoriser de tout son

---

[1] Le nombre des exposants à l'Exposition de 1834 était de 2,447; en 1839, de 3,281; en 1844, de 3,919.

pouvoir l'écoulement de nos produits au dehors; elle nécessitait aussi les efforts actifs du commerce français pour exploiter les débouchés existants. Ces deux conditions, qui ont si puissamment contribué à la grandeur commerciale de l'Angleterre, se sont-elles également rencontrées dans notre pays? Le gouvernement de juillet, on ne saurait le nier sans injustice, avait eu le sentiment de son devoir envers l'industrie nationale. Une série d'actes très nombreux révèlent en lui la préoccupation d'assurer à nos fabriques des moyens d'écoulement. C'était là le but des missions en Perse et en Chine, des explorations entreprises sur les côtes de l'Australie et de la Nouvelle-Zélande, des tentatives un moment projetées sur un des îlots de l'archipel Soulou, des études approfondies exécutées sur la côte occidentale de Madagascar, de l'occupation des îles Marquises et de l'archipel de la Société. Pourquoi ces essais multipliés n'ont-ils pas produit les résultats qu'on paraissait en attendre? Le gouvernement fut gêné, il faut bien le dire, par des considérations inhérentes au système général de sa politique extérieure. En face d'un pays aussi ombrageux que la Grande-Bretagne, quand il s'agit de son commerce, il restreignit plus d'une fois le cercle de son action, ou renonça à des projets déjà conçus, dans la crainte d'ébranler une alliance qui formait le pivot de ses relations étrangères. Tout en signalant ces mécomptes, l'histoire reconnaîtra en dernière analyse que le gouvernement de juillet a été pour l'industrie un instituteur éclairé et un patron vigilant; mais, tandis qu'il travaillait avec une attentive sollicitude à l'éducation industrielle de la France, il n'accordait pas la même importance à son éducation commerciale.

C'était malheureusement dans cette infériorité de la France, sous le point de vue de l'éducation commerciale, que résidait pour notre industrie même une grande cause de faiblesse. Tandis que la production industrielle était en voie de progrès, le commerce français ne la secondait qu'imparfaitement : il ne mettait pas au service de nos fabriques cette ardeur persévérante, tout à la fois réfléchie et audacieuse, qui a si bien réussi aux négociants anglais et américains. Le gouvernement de 1830 n'avait-il aucun moyen d'arracher notre commerce à cette torpeur, de le stimuler, de le diriger, de lui donner sinon l'audace, au moins les lumières qui lui manquaient? Sans attribuer au rôle de l'État, en pareille matière, une influence exagérée, nous croyons que l'ignorance et la timidité, ces deux obstacles que rencontre depuis 1830 notre développement commercial, pouvaient être combattues plus efficacement qu'elles ne l'ont été.

Ainsi, prodigieux essor de l'industrie, tentatives répétées, mais généralement peu fructueuses, pour conquérir à nos produits de nouveaux marchés, langueur du commerce qui ne se sent pas suffisamment appuyé, tels sont les trois aspects principaux de la situation économique durant les dix-sept années antérieures à la dernière révolution.

L'état stationnaire de nos rapports commerciaux, en face d'une production croissante, était une source d'embarras qui menaçait de s'accroître chaque jour davantage; il y en avait une autre plus inquiétante peut-être dans l'indécision trop fréquente du pouvoir en face des problèmes qui naissaient journellement de l'état industriel. Que cette inaction eût pour origine la crainte de heurter tels ou tels intérêts, nous le reconnaissons avec empressement, et nous n'avons garde de blâmer en principe un sentiment qui s'accordait avec les idées de modération auxquelles la monarchie de juillet s'efforçait de rester fidèle. L'esprit d'accommodement et de conciliation est indispensable pour le gouvernement de sociétés aussi complexes que nos grandes sociétés modernes. Un pouvoir trop entier et trop raide aurait bientôt succombé devant les intérêts froissés. Quand on réfléchit à la diversité des volontés humaines, on comprend mieux encore combien il serait impossible, sans de continuelles transactions, de régler les rapports réciproques entre les hommes. L'idée de sacrifices mutuels en vue d'avantages communs est la raison même des sociétés. Est-ce à dire néanmoins qu'un gouvernement doive sans cesse subordonner ses déterminations au désir irréalisable de satisfaire à toutes les exigences particulières ? Équilibrer les grandes forces, tenir compte des faits importants, et, en respectant tous les droits, ne pas arrêter à chaque instant sa marche devant des considérations personnelles, voilà son rôle et son devoir. La politique économique du dernier gouvernement était-elle d'accord avec ces principes ? N'a-t-elle pas, au contraire, offert à diverses reprises le spectacle de tâtonnements successifs qui laissaient les débats s'aigrir et donnaient aux difficultés le temps de s'amonceler ? Trop souvent les moyens évasifs lui ont servi de refuge. Il ne suffisait pas d'ailleurs, pour assurer l'accomplissement du rôle social de l'industrie, de chercher à faire prévaloir parmi nous le goût du bien-être sur nos vieilles habitudes d'agitation. Comment diriger à l'intérieur tout le jeu du mécanisme économique de manière à éviter les frottements, les chocs et les explosions ? Que faire pour les intérêts des classes ouvrières, qui se soulevaient, à chaque instant, comme une mer orageuse menaçant d'envahir ses digues impuissantes? Questions capitales qu'il ne fallait pas abandonner aux partis extrêmes. Le gouvernement avait un peu, sous ce rapport, vécu au jour le jour, sans porter suffisamment ses regards au delà des difficultés présentes.

Les conséquences de cette politique ne s'étaient pas produites tout entières avant 1848, et l'on pouvait croire qu'on avait le temps d'en prévenir la plus grande partie. Comme, il y a dix-huit ans, la plupart des industries étaient loin de leur développement normal, on avait pu longtemps susciter les spéculations et ajourner l'examen des problèmes économiques, sans rencontrer devant soi les obstacles que recélait l'avenir. Durant les temps qui précèdent immédiatement la révolution de février, des circonstances fortuites avaient cependant compliqué la situation. Certaines industries souffraient par des raisons spéciales plus ou moins difficiles à déterminer et à combattre. Ainsi, nos fabriques de soieries façonnées avaient vu se resserrer leurs débouchés au dehors, en même temps que la consommation intérieure s'était portée de préférence sur d'autres articles. L'industrie des laines ressentait des embarras attribués, par les uns, aux excès de la production, et, par les autres, à l'élévation des droits d'entrée sur les laines étrangères. Dans le nord de la France, nos filatures de lin, encore à leur début, se plaignaient d'être étouffées par la concurrence extérieure. Une nombreuse classe de travailleurs était cruellement atteinte, dans quinze ou vingt départements, par la substitution des moyens mécaniques à l'antique procédé de la filature à la main. Appelé, comme toutes les conquêtes de cette nature, à rendre d'incontestables services, ce nouveau triomphe de l'industrie n'en causait pas moins, pour le moment, une perturbation cruelle. Dans le tissage du coton s'accomplissait une épreuve analogue, par suite de l'abandon forcé des vieux métiers pour des appareils plus perfectionnés.

La crise de 1847, suite d'une mauvaise récolte, en obligeant la France à vivre sur son capital, avait amené une forte réduction dans la consommation intérieure et notablement étendu le malaise industriel. Quand le prix des objets de première nécessité augmente, chaque famille restreint ses dépenses et s'impose des privations. Si même on observe attentivement les lois qui président au mouvement des échanges, on reconnaît que la diminution des dépenses individuelles excède en général l'augmentation résultant du renchérissement des denrées. On espérait bien, vers la fin de 1847, que, grâce à une excellente récolte, la consommation reprendrait son cours interrompu. Plus on avait souffert et plus on devait avoir soif de satisfactions et de jouissances. Une année d'abondance succédant à une année de disette serait inévitablement signalée par une reprise des spéculations industrielles. Laissée à son cours normal, l'année 1848 promettait d'améliorer l'état économique du pays, et la saison du printemps s'annonçait sous des auspices favorables, quand éclata la révolution de février. Cet événement inattendu, qui s'explique mieux par les circonstances économiques que par les raisons purement politiques, surprenait l'industrie française au milieu d'une gêne et d'embarras trop réels. Forte et prospère, cette industrie n'aurait pu soutenir, sans plier, ce choc épouvantable; affaiblie déjà, minée sur quelques points par des causes durables ou passagères, occultes ou visibles, est-il étonnant que, malgré d'héroïques efforts, elle ait été un moment atterrée par la crise?

Tels étaient les traits principaux de la situation au moment où le gouvernement de juillet rentrait dans le domaine de l'histoire. L'industrie allait donc se trouver livrée à tous les hasards de l'imprévu, au sein d'une révolution où la témérité des hommes devait le disputer à la soudaineté des événements; toutes les causes de faiblesse allaient être mises au grand jour. C'était une terrible et solennelle expérience. Aujourd'hui, bien que la crise dure encore, on peut croire qu'elle a traversé sa plus orageuse période. Le moment est donc venu de l'analyser. Si l'on veut qu'elle laisse derrière elle autre chose que des ruines, il faut interroger, sans hésitation comme sans faiblesse, une situation qui, au milieu de conséquences déplorables, aura eu du moins cet avantage de mettre à nu quelques-uns des vices essentiels de notre situation économique.

I.

La crise de 1848 a débuté par un fait extraordinaire qui la distingue de toutes les crises antérieures, soit au dedans, soit au dehors. On avait toujours vu les perturbations industrielles éclater par le resserrement soudain de la circulation, par un renchérissement inattendu du capital. Après la révolution de février, au contraire, c'est le travail qui refuse le premier son concours à l'œuvre de la production. Les ouvriers se hâtent eux-mêmes de murer les portes de leurs ateliers abandonnés. Singulier et triste commentaire du décret sur le droit au travail! Des théories faites d'avance se trouvaient prêtes pour systématiser ce désordre. Maîtresses du pouvoir sans être maîtresses d'elles-mêmes, mises en contact avec la réalité après avoir été conçues dans un monde purement imaginaire, elles promettaient le bonheur aux ouvriers en préparant la misère publique. Par leurs appels passionnés à l'agitation, les chefs influents du socialisme commirent alors l'irréparable faute d'arrêter le mouvement industriel et de livrer la population laborieuse à une grève immense dont ils devaient être impuissants à prévenir les suites fatales. Quand même leurs doctrines, telles qu'ils les produisaient alors, n'eussent point été contraires aux lois du développement de l'activité humaine et du véritable progrès social, ces faits suffisaient pour amonceler devant leurs pas l'invincible obstacle des répugnances et de l'appauvrissement du pays. A mesure que les provocations remuaient davantage l'esprit des masses surexcitées déjà par la récente révolution, la crise économique débordait de plus en plus comme une lave brûlante. Ateliers industriels, établissements de crédit, institutions de prévoyance, tout était emporté par cet indomptable torrent. Plus de confiance, plus de circulation, plus de mouvement. Les usines avaient éteint leurs feux, le fer refroidi languissait au pied de l'enclume, les métiers chômaient dans nos fabriques désertes, et la misère élevait chaque jour ses flots envahissants.

La tourmente grossit jusqu'aux élections de l'Assemblée qui devait consacrer le nouveau régime social et politique. On espéra dès lors plus de sécurité. Quelques fabriques tentèrent de se rouvrir, quelques opérations commerciales furent préparées. La journée du 15 mai arrêta bientôt cette reprise des affaires et livra de nouveau l'industrie à la plus complète inaction. C'était la troisième phase de la

1.

crise. On parut d'autant plus abattu qu'on avait un moment repris confiance. Cependant la société éprouve des besoins si nombreux et si pressants, qu'une inertie prolongée lui serait mortelle. Dès les premiers jours de juin, malgré l'état provisoire encore du pouvoir exécutif et l'incertitude de son action, les affaires semblaient déjà se relever un peu : des commandes assez importantes, venues de l'étranger, apportèrent à certaines fabriques un précieux soulagement; mais voilà que le sol tremble de nouveau sous nos pas, voilà que des nuages amoncelés crèvent au-dessus de nos têtes. La misère, fatiguée d'attendre, égarée par de funestes doctrines, s'insurge, dans son désespoir, sans se demander si, en se supposant un instant victorieuse, elle aurait un remède contre ses propres souffrances. Les déplorables événements de juin renouvelèrent toutes les défiances et renversèrent toutes les spéculations. Jamais même il n'avait été plus naturel de craindre que la torpeur ne se prolongeât indéfiniment. C'est l'honneur de l'autorité qui fut alors instituée d'avoir, par sa modération et sa droiture, abrégé ces moments de perplexité et d'engourdissement. L'industrie reprit assez vite une certaine activité. Ce mouvement se développa dans le cours des mois d'août et de septembre; mais on se mit ensuite à calculer les chances des prochaines élections présidentielles. Le mystère qu'enfermait l'urne immense où sept ou huit millions d'électeurs allaient déposer leur vote, tint en suspens toutes les entreprises. Avec la constitution définitive du pouvoir exécutif, avec un choix consacré par une éclatante adhésion de l'opinion publique, a commencé une période de sécurité qui a mis fin aux soubresauts convulsifs de la population industrielle.

Chacune de ces violentes secousses s'était traduite par le même fait : le ralentissement de la fabrication; mais toutes les industries n'avaient pas été également atteintes. La différence du mal, qui tient tantôt à la nature des produits, tantôt à certaines circonstances locales, donne lieu à des réflexions utiles sur l'état des diverses branches de notre fabrication.

La France manufacturière peut se diviser en cinq grandes zones. Dans la zone septentrionale, qui comprend onze départements, se trouve accumulée la plus grande partie de nos richesses industrielles. Cette zone est avantageusement située pour le travail manufacturier. Le voisinage de la mer, une grande voie fluviale qui la rattache à Paris, de nombreux canaux, des facilités particulières pour se procurer l'aliment aujourd'hui indispensable des fabriques, la houille, expliquent suffisamment sa destinée et son importance. Outre les grandes métropoles de Lille et de Rouen, qui emploient chacune près de cent mille ouvriers dans le rayon de leur circonscription, il y a ici de nombreuses cités dont le nom éveille le souvenir de quelque production spéciale et figure avec éclat dans les annales de l'industrie. — La zone orientale présente, sur plusieurs points, un mouvement qui rappelle celui du nord de la France. Mulhouse, Troyes, Reims, Sainte-Marie-aux-Mines, Rive-de-Gier, Saint-Étienne, Saint-Chamond, Tarare et la grande cité lyonnaise rivalisent avec les vastes fabriques de la Flandre et de la Normandie. Cependant les tendances industrielles ne sont point là aussi générales : l'activité se partage entre des applications plus diverses; les manufactures ne germent déjà plus ici comme un produit naturel du sol. — Moins industrielle que les départements de l'est, la zone méridionale conserve néanmoins quelques riches et belles fabrications. Le Rhône et la Loire n'absorbent pas toute l'industrie séricicole. Nîmes et les Cévennes se distinguent par des spécialités qui leur sont propres; mais, sous cet heureux climat du midi, le travail n'a plus le rude caractère de la région septentrionale. — Baignée sur une étendue de côtes d'environ 6 degrés par l'océan Atlantique, traversée par la Loire, la Gironde et par une multitude d'autres rivières, la France occidentale s'occupe beaucoup moins d'industrie que de l'exploitation du commerce maritime. — A la zone centrale se rattache tout le rayon de la fabrique parisienne, qui la couronne magnifiquement vers le nord. Quand on descend ensuite au sud pour entrer dans le centre proprement dit de la France, on rencontre un pays de montagnes parsemé de riches vallées et de plaines incultes, et où les manufactures sont peu nombreuses. Les intérêts agricoles ou parfois les intérêts du petit commerce y dominent toute autre influence. Les départements de la Corrèze, du Cantal et de la Haute-Loire terminent, du côté du midi, par un demi-cercle pauvre et déshérité, cette zone où resplendissent, à l'extrémité opposée, tant d'industries somptueuses, tant d'arts délicats, tant de richesses amoncelées.

Pour se rendre compte des coups que l'industrie française a reçus en 1848, il faut se reporter au moment où la crise sévissait avec le plus de rigueur dans les principales fabriques de chaque région. On peut alors toucher le mal du doigt et asseoir sur la base solide des faits une appréciation générale. En commençant par le département du Nord, qui mérite bien cette préférence, quels ont été les effets de la tourmente sur les plus importantes industries locales, la filature et le tissage du coton, du lin et de la laine? La filature du coton compte à Lille trente-quatre établissements considérables, dont le capital en bâtiments et matériel ne saurait être évalué à moins de 7 ou 8 millions de francs. La fabrication des tulles y occupe en outre deux cent quatre-vingt-quinze métiers, qui ont coûté plus de 1,300,000 francs. La production de ces deux industries durant la crise descend de plus de moitié au-dessous du chiffre des années précédentes. La réduction se mesure encore sur une échelle plus large pour la filature du lin, qui possède ici quarante-neuf établissements, employant cent huit mille broches, dix mille ouvriers, et roule sur un capital d'au moins 20 millions pour le matériel seulement. Les commandes militaires ont seules entretenu quelque activité dans les ateliers d'Armentières et d'Halluin. Récemment introduite chez nous, la filature du lin fléchissait, il est vrai, avant même la révolution de février, sous la concurrence étrangère.

Tourcoing et Roubaix sont, dans le nord, les siéges principaux de l'industrie lainière. Remarquable par ses ateliers pour le peignage des laines et la filature des laines cardées, ainsi que par quelques manufactures d'étoffes et de tapis, la ville de Tourcoing se recommande encore comme un vaste marché où se pressent les laines françaises et étrangères. Sur douze mille travailleurs que les fabriques y occupaient, huit mille environ ont été presque entièrement privés d'ouvrage. Roubaix a vu ses magasins s'encombrer des élégants tissus de laine auxquels cette ville doit sa fortune et sa rapide renommée [1]. La fa-

---

[1] La laine emploie à Roubaix trente mille ouvriers, et donne lieu

brication s'y est ralentie, durant les mois de mars, avril et mai, d'un tiers sur la fabrication de 1847, et la consommation a diminué des deux tiers.

Les diverses industries du département du Pas-de-Calais, envisagées d'un point de vue général, paraissent un peu moins cruellement frappées. La fabrication des huiles, à laquelle concourent plus de cent quatre-vingts usines dans les arrondissements d'Arras et de Béthune, bien qu'atteinte par la subite dépréciation de la graine d'œillette et du colza à un moment où les approvisionnements venaient d'être faits aux anciens cours, a traversé le plus fort de la crise avec beaucoup de fermeté, et a conservé la plus grande partie de ses ouvriers. Il n'en a pas été de même de douze ateliers de construction de machines et de fonderie qui existaient à Arras ou à Béthune : presque tous ont été contraints de suspendre leurs travaux; mais le plus considérable était en liquidation avant la chute du dernier gouvernement.

Atteintes déjà par la redoutable rivalité des tulles, la fabrication de la dentelle et celle des toiles de batiste succombent sous une baisse de 25 pour 100. Les ateliers de bonneterie du Pas-de-Calais, dont le siége principal est à Hesdin, réduisent des deux tiers leur production accoutumée. La superbe filature de lin de Capécure, fondée en 1836, qui était à la tête de huit mille broches et occupait près de dix-huit cents ouvriers, vainement secourue par le conseil municipal de Boulogne, par la

---

à une production annuelle de 25 millions de francs. La filature et le tissage du coton y ont aussi de l'importance et occupent seize mille ouvriers, qui produisent pour 5 millions de marchandises.

chambre de commerce, par les banques locales, cède enfin à la tempête après une lutte désespérée. A Calais et Saint-Pierre-lez-Calais, la même industrie, partagée entre trois établissements, livrant par an au commerce pour 2 millions de produits, ne réalise pas une seule vente du 24 février au 15 avril 1848, et finit aussi par licencier les quinze cents ouvriers qu'elle faisait vivre. Dans le département de la Somme, l'arrondissement d'Abbeville excepté, la filature du coton, de la laine et du lin, les velours de coton, les tissus de laine pure et mélangée, la bonneterie de laine et de coton dite de Santerre et les toiles dites de Picardie, fournissaient du travail à environ cent quarante-deux mille ouvriers. Celles de ces fabrications qui s'adressent aux classes riches, telles que les tissus de laine, et dont les dessins varient à chaque saison, ont été condamnées à une inertie complète; les autres ont restreint leur mouvement dans la proportion d'un tiers. L'état de l'arrondissement d'Abbeville se dessine sous des traits particuliers : là s'exerce dans les campagnes une industrie curieuse et traditionnelle, celle de la serrurerie appelée *serrurerie de Picardie*, dont les produits montent à près de 4 millions de francs, et qui transforme les cantons de Moyenneville, de Gamaches, de Saint-Valéry et d'Ault en une sorte de vaste atelier. Il n'est pas une chaumière qui n'ait ses feux et ses étaux. Les articles fabriqués se vendent habituellement au fur et à mesure de la confection ; grossièrement travaillés, ils perdraient bientôt en magasin une forte partie de leur valeur. Après la révolution de février, plus de commandes et par conséquent plus de travail. Poussés hors de chez eux par la misère, les serruriers des campagnes se répandaient pour mendier dans les cantons voisins, et présentaient aux regards une image de la malheureuse Irlande.

Des démonstrations violentes avaient éteint un moment dans la Seine-Inférieure les dernières lueurs d'une activité industrielle à peu près égale, en temps ordinaire, à celle du département du Nord. A Rouen et aux environs, la filature, le tissage, l'impression et la teinture du coton fournissent à la consommation intérieure et à l'exportation une masse de produits divers évalués à plus de 250 millions de francs. Deux cent soixante-dix filatures, trente-deux établissements de tissage, quarante-trois fabriques d'indiennes, soixante-quinze teintureries, alimentent un nombre considérable de fonderies, de tanneries, de corroieries, de fabriques de produits chimiques, d'ateliers pour la construction des machines, pour le blanchiment et l'apprêt des étoffes. La filature, le tissage et la teinture de la laine rivalisent à Rouen, à Darnetal, et surtout à Elbeuf, avec l'industrie cotonnière. Si l'on excepte la période heureusement fort courte où le désordre matériel avait anéanti toute production, les indiennes ont été à Rouen moins péniblement affectées que les rouenneries proprement dites. Les indiennes se sont assez facilement placées durant l'été, grâce au bas prix de cet article. Plus maltraités peut-être encore que les rouenneries, les beaux tissus d'Elbeuf ont tout à fait manqué de demandes. Des nombreux ouvriers que cette fabrique entretient, et dont quatorze mille au moins résident dans la ville, à peine quelques centaines ont pu continuer à travailler. Dans les autres départements de la Normandie qui s'associent plus ou moins au mouvement industriel de la Seine-Inférieure, les mêmes causes ont amené des effets analogues. A Louviers, dont les magasins étaient déjà encombrés depuis plusieurs années faute de débouchés au dehors, les manufactures ont fléchi sous la ruine du crédit et du commerce intérieur. Il est impossible d'évaluer à moins d'un tiers le ralentissement de la production dans le ressort de Bernay, où la fabrication des rubans de fil de lin et de coton occupait neuf mille ouvriers, celle des toiles quatre mille, et les filatures de lin, de coton et de laine, environ deux mille. Par un singulier contraste, à Pont-Audemer, les fabriques de coton et de lin, partout si rigoureusement éprouvées, souffrent moins que l'industrie traditionnelle des cuirs, qui semblait assise sur de plus solides fondements. Les dentelles de Caen employaient, en 1847, plus de cinquante mille personnes, c'est-à-dire plus d'un huitième de la population de tout le Calvados. Il faut avoir visité les faubourgs de Caen et les communes environnantes pour se faire une idée des ressources que ce travail offre à la classe laborieuse. Des milliers de femmes y trouvent leur seul moyen d'existence. Après la révolution de février, les facteurs, ne recevant plus de demandes du commerce parisien, suspendirent aussitôt leurs opérations. L'industrie de Caen et de Falaise, la bonneterie, qui s'écoule en très grande partie dans le pays même, a gardé au contraire son marché à peu près intact. A Lisieux, la fabrique des toiles de lin dites cretonnes, et celle des serges appelées *frocs*, sont, comme les cuirs à Pont-Audemer et la bonneterie à Caen et à Falaise, attachées au sol depuis des siècles. Quarante à cinquante mille pièces de toile estimées 9 millions de francs, cent mille pièces de frocs d'une valeur à peu près égale, sortent annuellement des ateliers de ce district. Souvent les bras ont fait défaut aux besoins de la fabrique, et, durant les années précédentes, on avait été obligé d'en demander à la Belgique et à l'Angleterre. Au mois de mars 1848, les ouvriers étrangers sont presque tous partis, et ceux du pays ont à peine conservé la moitié de leur besogne habituelle. Dans les districts industriels de l'Orne, à Alençon, à Condé-sur-Noireau, à la Ferté-Macé, à l'Aigle, à Tinchebray, à Vimoutiers, à Flers, la fabrication des dentelles, des toiles, des draps communs, de la tréfilerie, des épingles, la filature et le tissage du coton, etc., sont tombés de plus de moitié au-dessous du chiffre des années précédentes. Le département de la Manche, qui ferme vers l'ouest la région septentrionale de la France, n'offre presque plus aucun vestige d'activité manufacturière ; mais la chaîne des grands phénomènes économiques engendrés par la crise se renoue dans les trois derniers départements de la même zone, l'Aisne, les Ardennes et l'Oise.

L'importante cité de Saint-Quentin se distinguait par les industries les plus diverses. Avant 1848, douze filatures de coton, armées de quatre-vingt-treize mille broches, produisaient chaque année cinq cent mille kilogrammes de coton filé d'une valeur de 3 millions de francs. Longtemps restreinte et stationnaire, la filature de la laine y avait pris tout à coup un essor prodigieux. La production des ateliers de la ville ou de ceux des villages voisins, Guise, Ribemont, Saint-Michel et Fourmies, était parvenue au chiffre de six cent mille kilogrammes, estimés environ 7 millions. Pas un seul écheveau ne sortait de l'arrondissement. Les ateliers de tissage, où s'agitait incessamment une population de trente mille individus, suffisaient à la consommation des filatures. Perdant du terrain depuis quelques années devant la redoutable concurrence de l'Alsace, le tissage du coton était encore pratiqué, à la veille de la révolution de février, par quarante mille ouvriers. Quinze mille femmes de tout âge, divisées en d'assez nombreuses catégories, se consacraient à la broderie sur tulle et sur mousseline. Ajoutez à ces industries principales les établissements de grillage, de blanchisserie et d'apprêt, qui donnent la dernière préparation aux tissus, et d'importants ateliers pour la construction des machines, et vous aurez une idée des immenses intérêts accumulés dans cette ville, naguère encore assez peu connue. Nous citerions difficilement un autre district que la crise ait plus rudement frappé. Durant les mois de mars et d'avril, presque tous les ateliers ont cessé leurs travaux. En considérant dans leur ensemble les dix derniers mois de 1848, l'activité habituelle s'est ralentie environ des deux tiers. Dans les Ardennes, l'industrie sedanaise n'a pas interrompu aussi complétement le cours de sa fabrication. Les manufactures de draps, célèbres dans le monde entier, et les ateliers métallurgiques de Sedan avaient en magasin, au mois de février 1848, une masse de matières premières qui ont alimenté le travail au milieu de la stagnation des affaires et de la dépréciation des valeurs. Nous voyons, au contraire, à Réthel, le peignage, la filature et le tissage de la laine, privés d'une pareille ressource, entrer en chômage presque dès le commencement de la secousse. Dans l'Oise, l'industrie de la laine filée, dont tous les produits sont ici des articles de luxe, reçoit un coup terrible qui prive de toute ressource les ouvriers des campagnes employés pour la confection des mérinos, des cachemires, etc. Quelques articles plus communs, la poterie, la faïencerie, la tabletterie, conservent seuls leur personnel presque complet.

Dans l'est de la France, où les grands centres industriels sont moins rapprochés les uns des autres, on n'a pas éprouvé aussi continuellement ce saisissement intérieur que provoquait l'uniforme désolation des départements septentrionaux; mais, si on entre dans les villes de fabrique, on y retrouve des impressions également attristantes. Ainsi voilà la ville de Reims obligée de fermer, pendant les mois de mars, avril et mai, les magnifiques filatures de laine dont elle était si justement fière. Des ateliers communaux, triste imitation de nos ateliers nationaux, absorbent en quelques semaines un emprunt extraordinaire de 400,000 francs. Sans une commande de 1,500,000 francs de mérinos arrivée de New-York au moment où toutes les ressources étaient épuisées, il aurait fallu désespérer de la situation. A Troyes, qui renferme d'assez importantes filatures de coton, dont les produits sont destinés à la fabrication locale de la bonneterie, de la ganterie, des tricots circulaires, tous les tissus de coton fabriqués pendant l'hiver de 1847-1848 attendaient les ventes du printemps et de l'été, quand éclata la révolution. Au lieu de se vider comme d'habitude, les fabriques sont restées pleines, et les filatures, manquant de commandes nouvelles, se sont mises aussitôt en chômage. Dans la Moselle, les établissements métallurgiques, les fabriques de peluche de soie pour la chapellerie, les faïenceries de Sarreguemines et de Longwy, les verreries de Saint-Louis, de Gœtzenbruck et de Forback, les tanneries de Sierck, n'ont pas fléchi sous l'encombrement des magasins; mais les matières premières ont fait défaut à la main-d'œuvre, et la ruine du crédit n'a permis aucune acquisition nouvelle. La broderie de Nancy a été frappée tout à coup d'une telle dépréciation, que les ouvrières vouées à ce travail n'y trouvaient pas toutes un misérable gain de 25 centimes par jour.

La filature du coton, dans le département du Haut-Rhin, ne comptait pas avant février moins de sept cent quarante mille broches et dix-huit mille ouvriers. Centre de ce grand mouvement et capitale industrielle des six départements groupés à l'extrémité orientale de la France, Mulhouse arrête, pendant plusieurs mois, le plus grand nombre de ses métiers, et diminue de moitié la durée du travail dans les ateliers qui restent encore ouverts. Réduits, en temps ordinaire, à des bénéfices presque imperceptibles sur chaque mètre de leurs calicots, compensant la faiblesse des profits par l'énorme quantité des ventes, les manufacturiers de cette ville industrieuse ne pouvaient pas supporter un abaissement soudain des prix joint à un notable amoindrissement des affaires. Dans le voisinage de Mulhouse, à Sainte-Marie-aux-Mines, la filature et le tissage de coton teint ont résisté un peu mieux à l'orage, et, comme les indiennes de Rouen, les produits de cette fabrique ont joui d'une certaine vogue pendant l'été dernier. Les manufactures de draps, les ateliers pour la bonneterie de laine, la filature, le tissage et la teinture de coton, qui emploient onze à quinze mille ouvriers dans le Bas-Rhin; les forges de Niederbronn, les fabriques de grosse quincaillerie de Molsheim et de Zornhoff, les usines pour les constructions mécaniques d'Illkirch et de Strasbourg, qui en occupent à peu près six mille, perdent, à dater du mois de mars 1848, presque tous leurs débouchés et restreignent de moitié le jeu de leurs forces productives. Les usines métallurgiques de la Haute-Marne, frappées déjà par diverses circonstances inhérentes à la fabrication au bois, n'ont pas cependant supporté sans énergie les terribles épreuves de l'année dernière, et elles en sortent moins épuisées qu'on n'aurait pu le craindre. Les manufactures et les ateliers de tout genre étant à peu près fermés, la construction des chemins de fer suspendue, il serait inutile de dire que la production est restée fort au-dessous du chiffre habituel de 16 à 17 millions de francs, qu'elle atteint annuellement, et qui forme le dixième ou le douzième de toutes les fontes françaises. Voici un fait très significatif d'après lequel on pourra juger de l'état de l'industrie métallurgique en 1848 : à la célèbre foire de Besançon, dite foire de *l'Ascension*, où se vendent ordinairement des milliers de tonnes de fer, il n'en a pas été placé une seule.

Les autres industries de la Haute-Marne, la ganterie de Chaumont, qui distribue chaque année 7 à 800,000 francs de salaire entre deux ou trois mille ouvriers, la coutellerie à bon marché de Langres et de Nogent-le-Roi, dont les produits dépassent 5 millions de francs, ont été condamnées à une inaction partielle équivalant pour elles à la perte de la moitié de leurs moyens d'action. Sans parler des cent cinquante fromageries, fabriquant douze cent mille kilogrammes de fromage par an, le Jura offre à nos regards, dans l'arrondissement de Saint-Claude, les industries les plus diverses disséminées dans les campagnes. A part les papeteries de Saint-Claude et de Lessard, et une filature de coton, on ne rencontre point ici d'ouvriers agglomérés en ateliers. C'est au sein de la famille, auprès du foyer domestique, que travaillent isolément des tabletiers, des lapidaires, des monteurs de lunettes, des horlogers, des boisseliers, des fabricants de meubles communs, etc. La fabrication de la tabletterie a été réduite des deux tiers, la taille des pierres d'un tiers, et toutes les autres industries d'environ moitié. Si le nombre des transactions sur les fromages n'a presque pas faibli, les prix sont tombés de 35 pour 100.

Par sa situation géographique, le département du Rhône se rattache naturellement au faisceau des départements de l'est, mais sa principale industrie appartient à la zone méridionale. Tout le monde connaît l'organisation particulière de la fabrique lyonnaise; tout le monde sait que les métiers y fonctionnent exclusivement sur commandes. Par conséquent pas d'encombrement, mais aussi pas de production anticipée; le travail y attend que le commerce le sollicite. A chaque moment d'arrêt dans les demandes correspond le chômage immédiat des métiers. Entre toutes les villes de France, Lyon devait ressentir plus douloureusement le contre-coup d'une crise qui pesait de préférence sur les produits de luxe. Presque nulle à l'intérieur en 1848, la consommation des soieries était contrariée au dehors par l'état agité d'une grande partie de l'Europe. Pendant plusieurs mois, la population ouvrière n'a pas eu d'autre travail que les écharpes et les drapeaux commandés par le gouvernement provisoire. Suspendue entre la vie et la mort, horriblement gênée dans le présent, plus inquiète que jamais sur l'écoulement futur de ses produits, l'industrie lyonnaise a été plus cruellement frappée qu'aucune autre par la crise industrielle. Vouée comme Lyon à la confection d'articles de luxe, la petite ville de Tarare est renommée par ses brodés pour meubles et ses mousselines unies et façonnées. Dans les campagnes environnantes, plus de quarante mille personnes prennent part au tissage des mousselines. Forte et résolue, cette fabrique s'est efforcée d'affronter la tempête, mais enfin les ressources se sont épuisées, et il a fallu céder à la loi commune. La production ne paraît pas toutefois avoir décru de plus de moitié. Bien moins ancien dans l'arène industrielle, le département de la Loire ne reste point aujourd'hui fort en arrière de celui du Rhône. La cité si prodigieusement agrandie de Saint-Étienne, dont Saint-Chamond est comme le satellite, réunit le contraste de deux industries fort différentes : les rubans, le velours et la passementerie figurent à côté du rude travail des métaux. 110 à 120 millions de produits, quatre-vingts à quatre-vingt-cinq mille ouvriers habituellement employés, tels sont les chiffres principaux de la statistique locale. Ces nombres fléchissent au moins des deux tiers pendant la crise. La perturbation est à peu près égale dans les usines de Rive-de-Gier. Pour ne citer que l'industrie du verre, sur quarante-quatre fours, trente-sept étaient allumés au mois de janvier 1848 : vingt-sept se sont successivement éteints, et sur deux mille ouvriers quinze cents ont manqué de travail.

Dans la région méridionale de la France, la brillante industrie qui efface ici toutes les autres, l'industrie séricicole, a été cruellement affectée par la tourmente dans les différentes opérations qui la constituent. A Nîmes, où les ateliers pour la fabrication des tissus de soie et de bourre de soie, réunis aux *ouvraisons*, n'occupent pas moins de vingt-cinq à trente mille ouvriers, les prix des étoffes ayant baissé de 40 pour 100, les travaux ont été complétement suspendus. Les cocons se vendaient avec peine à un tiers au-dessous de leur valeur ordinaire. Plus forte peut-être encore à Montpellier et à Ganges, la chute des prix a ruiné les filatures, les ouvraisons et les fabriques de bas de soie. Le même cause atteint les ateliers de moulinage et de tissage de la ville d'Avignon, et contraint plusieurs maisons de commerce à suspendre leurs payements. A Valence, où le produit des filatures montait, dans les années prospères, à la somme de 17 millions de francs, les propriétaires de magnaneries, ne trouvant pas à vendre leurs cocons, les ont fait filer eux-mêmes à l'aide de petits appareils domestiques imparfaits et coûteux. L'industrie déclinait ainsi du rang où l'avaient portée les progrès antérieurs.

L'importance des grands établissements du Gard et de l'Aveyron, quelques usines isolées à Vienne, à Toulon, etc., classent l'industrie métallurgique du midi immédiatement après l'industrie séricicole. Les causes du ralentissement des travaux sont ici les mêmes que dans la Haute-Marne, et se traduisent en bloc par une réduction de moitié de la masse des produits. Épars dans divers départements, quelques ateliers pour la filature et le tissage des laines ne sont pas sans influence sur le caractère et la richesse des districts où ils sont établis. Les principales fabriques existent à Vienne, Carcassonne, Chalabre, Limoux, Bayonne, Rodez, Saint-Geniez, Castres, Mende, Montpellier, Clermont-l'Hérault. Quelques-unes de ces fabriques, qui reçoivent des commandes du gouvernement, ont aisément traversé la crise ; d'autres, qui exportent une partie de leurs produits, n'ont reçu presque aucune demande du commerce extérieur. Le plus grand nombre, qui se consacrent exclusivement à la consommation locale, ont manqué, par suite de la gêne générale, des débouchés qu'ils rencontraient à leur porte dans les besoins usuels de la population. A cette inaction des métiers à tisser correspond une baisse effrayante dans le prix des laines, qui entraîne immédiatement un résultat très fâcheux pour l'avenir, la diminution des troupeaux. Les fabriques de gants à Grenoble et à Milhau, la préparation des cuirs entreprise dans cette dernière ville sur une échelle très étendue, le tissage des toiles de chanvre et de lin à Voiron, et surtout les savonneries et les huileries de Marseille, méritent encore de prendre place dans le relevé des forces manufacturières de la zone méridionale. Si on en excepte la tannerie, la chamoiserie, la mégisserie de Milhau, qui ont conservé leur personnel presque intact, et les industries propres à la ville de Marseille, dont les souffrances n'ont pas aussi fortement paralysé le mouvement habituel, le travail a subi partout une réduction de la moitié ou des deux tiers.

Dans la région occidentale, deux villes, Cholet et Mayenne, méritent à peu près seules le nom de villes de fabrique. A Cholet, dont les métiers tenaient à leur solde près de quatre-vingt mille personnes à l'époque où le lin se filait exclusivement au fuseau, les filatures se sont mises en chômage dès le commencement de la crise; le tissage a été suspendu pendant plusieurs mois, tandis que l'industrie du coton et de la laine perdait seulement la moitié de son activité. A Mayenne, les filatures de coton, les fabriques de calicots, de toiles grises en fil de lin et de quelques articles de fantaisie, ont manqué complétement la saison d'été, et l'inertie des ateliers a duré plusieurs mois, à l'époque même où le travail est ordinairement le plus actif. La fabrication la plus importante des départements de l'ouest est disséminée sur la surface d'une partie des anciennes provinces de la Bretagne et du Maine. Les noms de Quintin, Saint-Brieuc, Rennes, Morlaix, Laval, Mamers, disent assez qu'il s'agit de cette industrie des toiles si profondément bouleversée déjà par la révolution accomplie dans son sein. Une baisse énorme et instantanée, qui s'est manifestée aussitôt après notre dernière révolution, a paralysé au moins la moitié des métiers. Quelques industries particulières à certaines localités animent et diversifient un peu le tableau monotone de l'industrie des départements occidentaux. Ainsi la papeterie d'Angoulême, célèbre depuis quatre siècles, livre au commerce pour 6 millions de papier par an ; les filatures de lin et de chanvre d'Angers mettent en œuvre les superbes produits des vallées de la Loire ; la ganterie de Niort garde son ancienne réputation en face de la concurrence des gants en laine et en cachemire. Faillite, liquidation, ou tout au moins pertes considérables et inertie partielle, tel a été le sort des maisons consacrées à ces industries secondaires.

Le centre proprement dit de la France, en laissant de côté pour un moment le brillant rayon de la capitale, renferme des fabrications un peu plus nombreuses. L'industrie textile y est représentée par les étoffes de soie, la passementerie, les tapis et les draps de Tours, la tapisserie d'Aubusson et de Felletin, les draps communs, mais solides, de Châteauroux, les toiles et les tissus de laine de Romorantin, les flanelles et les droguets de Limoges. L'industrie métallurgique y figure par les grands établissements de la Nièvre, la coutellerie de Clermont-Ferrand et de Thiers. Les porcelaines de Limoges, la poterie de Tours, les porcelaines et faïences de l'Allier et de Seine-et-Marne, occupent une place plus ou moins importante dans le tableau de nos arts céramiques. Durant la crise, les soieries de Tours, qui sont surtout destinées aux ameublements de luxe, conservent à peine quelques métiers en activité. Les fabriques séculaires des tapis d'Aubusson sont contraintes, par l'anéantissement du crédit et des ventes, de renvoyer les trois mille ouvriers qu'elles renfermaient. Grâce à la nature spéciale de ses produits, à la destination qu'ils reçoivent, Châteauroux résiste un peu mieux au bouleversement industriel. La ville de Romorantin fabriquait sept mille cinq cents mètres de drap par semaine; elle en fabrique à peine trois mille. Les vastes usines de la Nièvre, Imphy, Fourchambault, etc., qui roulent sur des capitaux considérables, et dont les frais généraux ne diminuent presque pas quand le travail s'amoindrit, éprouvent des pertes proportionnées à une baisse d'environ moitié dans la masse de leurs transactions. La coutellerie de Thiers et de Clermont-Ferrand ne fournit pas du travail à quatre mille ouvriers, au lieu de vingt mille. Les vingt-quatre manufactures de porcelaine existant à Limoges, et comptant en bloc trente-sept fours et trois cents meules, avaient, à l'exception de quatre fabriques seulement, malgré l'aide empressée du conseil municipal, fermé leurs fours, au mois de mai 1848. Sans ressentir une aussi forte perturbation, les autres établissements céramiques de la région centrale ont resserré leur production au moins d'un tiers.

Quant au cercle de Paris, on sait que la fabrication manufacturière y a pris, depuis 1815 et surtout depuis 1830, un prodigieux essor. Capitale des arts et des lettres, Paris est devenu une grande métropole industrielle. Sa banlieue et ses faubourgs forment autour d'elle comme une ceinture d'usines, de manufactures et d'ateliers de tout genre. Ses plus riches quartiers, comme ses environs les plus délicieux, n'ont pas toujours résisté avec succès à ces envahissements de la plus grande puissance de l'époque. En 1847, les fabriques possédant un moteur mécanique ou ayant plus de vingt ouvriers réunis en atelier atteignaient, dans le département de la Seine, le chiffre de trois cent dix-huit. Elles employaient environ trente mille ouvriers, hommes, femmes ou enfants. Un personnel infiniment plus nombreux est attaché aux établissements placés en dehors de ces conditions. L'industrie parisienne proprement dite, c'est-à-dire l'ébénisterie, les bronzes, la bijouterie fausse, la papeterie, la tabletterie, et vingt fabrications d'articles de fantaisie et de goût, enveloppe dans son immense réseau plus de soixante mille familles ouvrières. Nous n'avons pas besoin d'insister ici sur les effets de la crise par rapport à la population laborieuse ou à la production industrielle. Ces effets lamentables, on ne les connaît que trop : ils sont écrits dans l'histoire de l'année 1848 en des traits qui s'effaceront difficilement de notre mémoire. Rappelons seulement que, si toutes les industries ont chômé, si les filatures, les teintureries, les ateliers pour la construction des machines, etc., sont tombés, au moins un moment, dans une inaction absolue, ce sont encore les articles dits de Paris qui ont été le plus cruellement décimés. En l'absence de relevés officiels qu'il n'est pas possible de dresser, et en attendant les résultats d'une investigation à laquelle la chambre de commerce se livre avec une patience digne d'encouragement, nous avons interrogé les hommes qui connaissent le mieux l'état économique de notre grande cité. D'après les renseignements recueillis, nous croyons pouvoir évaluer le ralentissement de l'industrie appelée parisienne aux neuf dixièmes pour les ventes et aux sept dixièmes pour la production. Les pertes des autres fabrications, relativement à leur activité durant les années précédentes, ne seraient au contraire que des deux tiers sur la vente et d'un peu plus de moitié sur le chiffre des produits.

Si, reprenant en bloc tous les documents accumulés, nous envisageons maintenant, dans son ensemble, l'état industriel du pays durant la crise, nous ne croyons pas pouvoir être taxé de pessimisme en évaluant l'amoindrissement total de la fabrication à la moitié du chiffre normal. Or, la production manufacturière est estimée à 2 milliards par an, dans lesquels les quatre industries textiles du coton, de la laine, de la soie et du lin entrent pour à peu près 1,600 millions. La perte de notre grande industrie nationale serait donc d'environ 850 millions pour dix mois. Quelle a été la part des travailleurs dans cet immense désastre? Les fabriques françaises n'occupent pas moins de deux millions d'ouvriers. Les salaires peuvent être évalués en moyenne à 1 fr. 25 cent. par jour, en tenant compte des femmes et des enfants, ce qui donne pour deux millions d'ouvriers et deux cent cinquante jours ouvrables, en dix mois, une somme de 625 millions. Si le travail a été réduit de moitié, les salaires ont éprouvé une égale diminution : les ouvriers de l'industrie ont donc perdu au moins 312,500,000 francs.

Qui pourrait remuer tous ces chiffres d'une main froide

et insensible ? Comment ne pas songer, hélas ! à toutes les misères, à toutes les larmes que la crise révolutionnaire a coûtées, à tant d'existences grandes ou modestes, fondées sur le travail, qu'elle a subitement renversées ? Si pénible que soit l'amoindrissement de la richesse nationale, on est encore plus touché des souffrances dont la classe la plus nombreuse a été la principale victime. En face de ce débordement de maux, le gouvernement n'est pas sans doute resté immobile et inactif. Qu'a-t-il fait ? Que devait-il faire ?

II.

Des projets forts divers ont été présentés pour conjurer les effets de la crise industrielle ; on les a vus surgir par milliers. Le mouvement qui agitait tant d'esprits a-t-il révélé quelques nouvelles mesures susceptibles de porter remède aux maux signalés ? Quand on prend connaissance de ces propositions innombrables, on demeure stupéfait que d'une pareille fermentation n'aient pas jailli plus d'idées justes et fécondes. Notre dessein n'est pas de suivre, dans leurs mille détails, ces élucubrations où éclate le plus souvent tant d'inexpérience. Quelques combinaisons plus réfléchies sont seules dignes d'examen ; on peut aisément les ramener à des termes simples et clairs. Pour relever l'industrie de son abattement, pour ranimer les transactions évanouies, on a conseillé au gouvernement de prêter de l'argent aux manufacturiers, d'ouvrir des crédits, de faire des commandes sur une grande échelle, d'allouer des primes à la sortie des produits, de créer des compagnies ou des comptoirs d'exportation. Tous ces moyens supposent l'aide active du trésor public. Le défaut commun de ces mesures, c'est de s'adresser à l'État, comme s'il avait des ressources inépuisables, sans se demander auparavant ce qu'il peut. Viennent ensuite des avantages et des inconvénients inhérents à la nature de chaque système.

Les prêts directs permettent de donner au travail un aliment immédiat; mais voilà que l'État se transforme aussitôt en banquier : il est obligé de faire un choix entre les emprunteurs qui sollicitent son appui, d'entrer dans l'examen des situations individuelles. C'est là une tâche difficile qui conduit nécessairement à des exclusions arbitraires. Aussi les prêts ne profitent-ils pas à l'industrie en général; ils ne servent qu'à quelques industriels, quand les autres sont sacrifiés. Cet inconvénient diminue, si les avances sont faites sur dépôt de marchandises à tous ceux qui ont des produits en magasin; mais alors les valeurs données en garantie appauvrissent singulièrement le capital de l'emprunteur. Si le système des prêts peut s'adapter utilement à certaines circonstances particulières, il est mauvais comme mesure générale.

Les établissements de crédit ont, sur les avances directes, cet important avantage, qu'on peut combiner l'aide de l'État avec des éléments tirés du sein même du corps industriel. Subventions du trésor, souscriptions des fabricants, peuvent ici se fortifier et s'étendre pour le bien général. Contribuant à son propre relèvement, l'industrie puise dans cet effort une salutaire confiance en elle-même. S'il fallait compléter l'action des établissements de crédit par une aide plus directe, mieux vaudrait encore le secours donné au moyen de commandes que le système des avances en argent. Les commandes permettent aussi de ranimer immédiatement le travail dans telle ou telle fabrication, sans que l'industrie s'accoutume autant à se reposer sur le bras qui la soutient. L'État grève, il est vrai, le présent; mais, si les dépenses sont bien dirigées, il retrouve plus tard, dans un accroissement de son matériel, la compensation de ses sacrifices. Tout en anticipant ainsi sur les besoins futurs, il est libre d'ailleurs de proportionner l'assistance aux moyens dont il dispose. Son action est plus gênée et plus incertaine quand les effets des mesures proposées, au lieu de se restreindre à l'intérieur du pays, débordent par-delà les frontières nationales. Ainsi, pour les primes si souvent proposées comme moyen d'encourager les exportations, il y a une grave question préliminaire à résoudre avant de prendre un parti : les gouvernements étrangers n'auraient-ils pas la volonté et les moyens de rendre vaines les dispositions adoptées? Rien de plus facile pour eux ; s'ils veulent maintenir les choses sur le pied actuel, il suffit d'élever les droits d'entrée d'une somme équivalente à la prime de sortie. Ce mode d'encouragement tourne presque toujours, comme l'expérience l'a démontré, au préjudice de la nation qui l'emploie. Il est rare, en effet, quand la prime cesse, que l'augmentation du droit d'entrée dont elle a été la cause cesse entièrement avec elle. On a vu des cas où la surtaxe était intégralement maintenue. En admettant, au surplus, que la prime suive librement son cours, elle appauvrit le trésor national au profit des consommateurs étrangers. C'est un cadeau qui diminue pour eux le prix des produits en une proportion égale à son chiffre. Expédient chanceux, la prime reste donc, en thèse générale, un mauvais calcul. Si, dans une situation tout à fait extraordinaire, un gouvernement est contraint d'y recourir pour désencombrer le marché et rendre un peu de mouvement au corps industriel, l'application du système doit être courte, restreinte et calculée soigneusement sur les dispositions présumées des autres peuples.

Les primes reconnues insuffisantes pour réveiller le commerce extérieur de son engourdissement, aurait-on pu recourir avec plus d'avantages à la création de compagnies privilégiées recevant des subventions du gouvernement et qui se seraient chargées d'exporter les produits français? Les partisans de cette idée ne manquaient pas de représenter le triste état où sont réduites nos exportations. Tous ceux qui ont visité les grands marchés du monde ont reconnu l'infériorité de notre commerce : personne ne conteste ce mal ; mais à quelle cause faut-il l'attribuer? Ici commencent de profondes dissidences qui réagissent naturellement sur le choix des remèdes à mettre en usage.

Notre commerce extérieur manque d'organisation ; voilà le premier fait dont l'esprit est frappé. La France ne compte qu'un très petit nombre d'exportateurs dignes de ce nom, c'est-à-dire qui spéculent à l'aide d'un capital assez considérable pour pouvoir attendre les retours. Les affaires se traitent généralement à crédit par l'intermédiaire de pacotilleurs dont la solvabilité douteuse, subissant la loi des fabricants, n'obtient guère que des marchandises de rebut. Jamais notre industrie ne prend un intérêt direct dans les opérations lointaines. Combien ce système, où tout roule à peu près sur le frêle pivot de la pacotille, diffère de la constitution du commerce extérieur de la Grande-Bretagne! Toujours prêts à s'intéresser dans les spéculations commerciales, les manufacturiers anglais sont à la fois fabricants et exportateurs. Ils sentent dès lors combien il est important pour eux de s'enquérir du goût des différents peuples, et ils approprient leurs produits à des destinations qu'ils connaissent [1]. Les armateurs, de leur côté, ne sont pas seulement, comme chez nous, des voituriers qui transportent une caisse de marchandises à un prix convenu; ils ont encore un large intérêt au succès de l'entreprise. L'armement et la fabrique se prêtent ainsi un appui mutuel, et de cette alliance dérive une garantie pour la loyauté des expéditions. Entièrement privé de ces énergiques ressorts, est-il étonnant que le commerce français ait vu sa sphère se restreindre chaque jour de plus en plus? Il y a des parages où il ne pénètre plus sous le pavillon national. Combien avons-nous de navires par an dans les mers de la Chine? Combien envoyons-nous de produits dans ce monde immense de l'extrême Orient où s'ouvrent de si vastes marchés? Quand nous y paraissons, c'est pour y étaler notre impuissance. A Canton, par exemple, les affaires pour les laines seulement montent à 30 millions de francs environ par an; nous ne figurons pas dans ce chiffre énorme pour 1 million en dix années (1 million sur 300 millions!). Tous ces faits ont été, durant la dernière crise, habilement commentés par les partisans des compagnies d'exportation. Si l'industrie privée, disaient-ils, est aussi évidemment inhabile à s'aider elle-même, il faut bien venir à

---

[1] De nombreux exemples, que nous croyons inutile de citer, établissent surabondamment à quel point nos manufacturiers négligent de se tenir au courant des convenances étrangères.

son secours ou se résigner au complet anéantissement des exportations françaises.

Quelque spécieux que soit ce raisonnement, il ne s'ensuit pas que la création de compagnies privilégiées fût le vrai moyen d'attirer l'industrie vers les opérations du commerce extérieur. D'abord, au point de vue des nécessités du moment, on objectait avec succès l'évidente inefficacité du remède. Quand l'organisation des compagnies serait-elle terminée? quand leur influence se ferait-elle sentir? L'industrie particulière n'aurait-elle pas depuis longtemps succombé, lorsqu'on se trouverait prêt à lui porter secours? On aurait seulement embarrassé les finances de l'État dans des projets chimériques. Au point de vue de l'avenir et de l'esprit de notre droit public actuel, l'institution projetée prêtait également aux plus sérieuses critiques. Renversant immédiatement les opérations existantes, elle aurait rendu impossible tout effort individuel. Quelle maison aurait pu entrer en concurrence avec une société soutenue par les capitaux du gouvernement, et rejetant en définitive sur le trésor public le fardeau des pertes éprouvées? Que l'association dût être un élément de force et d'activité, que ce fût même le seul moyen de salut, pas de doute possible, à une condition cependant, c'est que l'association ne serait pas fondée sur le monopole et ne s'alimenterait pas de priviléges. Alliance entre le fabricant et l'exportateur, telle est la première tendance qu'il importe d'encourager, et dont une société privilégiée étoufferait le germe.

Si on voulait suivre jusqu'au bout le raisonnement des adversaires des compagnies d'exportation, on toucherait bientôt à la grande querelle de la protection et du libre échange. On verrait que notre système de douanes est accusé de la décadence du commerce extérieur. Comment notre marine pourrait-elle exporter nos marchandises, s'écrie-t-on, si elle n'a pas de fret pour le retour, et si elle est obligée de faire peser sur les articles expédiés de France les dépenses du voyage tout entier? Est-il possible que nos exportateurs entreprennent de négocier avec tel ou tel peuple dont il leur est défendu de recevoir les produits en échange des nôtres? Voilà comment on se trouvait poussé malgré soi sur le brûlant terrain d'anciennes discussions qu'on était convenu d'ajourner. Au milieu des ravages de la crise, avant de songer à régler les futures destinées du commerce, il fallait pourvoir aux pressantes nécessités du moment. A ce point de vue, les compagnies étaient aisément mises hors de cause. Protectionistes et libres échangistes conservaient intacts leurs arguments et leur position respective.

D'une réalisation moins malaisée, les comptoirs d'exportation étaient de véritables banques de prêt sur dépôts de marchandises qui ne paraissaient pas non plus de nature à renouer la chaîne des transactions interrompues. Je n'entends pas dire que nos armateurs, même dans les moments les plus favorables, trouvent à un prix modéré les capitaux dont ils ont besoin. A 5 ou 6 pour 100 d'intérêt s'ajoutent 2 et demi pour 100 sur les valeurs exportées que les prêteurs ont pris l'habitude de stipuler à leur profit. S'il s'agit des rares opérations au delà du cap de Bonne-Espérance, les lettres de crédit ne peuvent se négocier qu'à Londres, et toujours moyennant de nouvelles remises: frais écrasants, dont un allégement quelconque serait un bienfait pour notre marine marchande. Pourtant, en 1848, la cherté des capitaux n'était pas la cause de la désolation des ports; l'inertie absolue des affaires dérivait principalement de l'état du marché intérieur et de la situation des colonies. Quelle aurait été l'influence de quelques banques spéciales sur ces invincibles obstacles ?

Le gouvernement écarta en masse tous les plans relatifs à des compagnies et à des comptoirs d'exportation. Il recourut, au contraire, aux systèmes des prêts directs, des commandes, des établissements de crédit et des primes. Comment a-t-il usé de ces moyens de soulagement et quels résultats en a-t-il obtenus ?

L'aide de l'État, sous forme de prêts, n'a été accordée qu'à deux industries parisiennes, celle des meubles et celle des bronzes, et aux associations formées, soit entre ouvriers, soit entre patrons et ouvriers. Outre les inconvénients inhérents à ce mode d'assistance, il y avait une raison décisive d'en écarter l'emploi, au moins sur une grande échelle. Était-il possible de subvenir, avec l'argent du trésor, aux immenses besoins auxquels la crise avait donné naissance ? Toutes les ressources dont le gouvernement pouvait disposer n'auraient pas suffi pour combler le gouffre. Alléguer l'exemple de 1830 et des 30 millions avancés alors au commerce, c'était méconnaître la profonde différence de deux crises, dont la dernière tient beaucoup plus à une perturbation sociale qu'à une révolution politique. Des deux industries particulières auxquelles le décret du 1er septembre 1848 affectait 600,000 francs (400,000 francs pour les meubles, 200,000 francs pour les bronzes), une seule, celle des meubles, a pu largement profiter du crédit. Les conditions dans lesquelles elle s'exerce répondaient beaucoup mieux que celles de l'industrie des bronzes aux intentions du décret, qui avait en vue les petits fabricants travaillant en chambre avec un ou deux compagnons ou apprentis [1]. Le montant des prêts obtenus par les ébénistes s'élevait, au 31 mars 1849, à la somme d'environ 160,000 francs, répartie entre deux cent soixante à deux cent quatre-vingts déposants, sur cinq cent vingt-sept dépôts. Il n'avait été alloué sur le crédit des bronzes qu'environ 18,000 francs à vingt déposants sur vingt ou vingt-cinq dépôts.

On connaît les objections qu'a suscitées le principe consacré par le décret du 5 juillet 1848 relatif aux associations ouvrières. En ménageant aux ateliers exploités par ces associations certains avantages spéciaux, on plaçait dans des conditions défavorables les établissements de même nature appartenant soit à un seul chef, soit à des sociétés commerciales, on s'exposait aussi à des mécomptes par suite de vices inhérents à une exploitation en commun. Ces considérations ne manquaient pas de gravité : elles se rattachaient toutefois un peu trop visiblement à la politique qui répugne à toute innovation. N'étaient-elles pas dominées, d'ailleurs, par une nécessité provenant de la disposition même des esprits? Reculer alors devant un essai eût été d'une souveraine imprudence. Accomplie avec intelligence et loyauté, l'expérience doit porter, au contraire, avec elle les plus utiles enseignements. Au commencement du mois de mars dernier, il avait été statué sur près de trois cent cinquante demandes par le conseil

---

[1] La répartition des prêts a été confiée à une commission de sept membres, et l'intérêt de ces prêts fixé à un centime par jour (3 fr. 65 cent. pour 100 par an), auquel s'ajoute un droit d'emmagasinage de 2 1/2 pour 100.

chargé de la répartition du crédit des 3 millions. Plus de quarante associations avaient obtenu des avances, dont le chiffre variait de 5,000 à 250,000 francs, et dont le total montait à un peu plus de 2 millions.

Le gouvernement provisoire avait eu recours au système des commandes pour venir en aide à l'industrie lyonnaise. Justement ému de l'état de la ville de Lyon, il avait commandé à la fabrication des soieries quarante-trois mille drapeaux et cent trente mille écharpes. Cette opération, qui a motivé depuis un crédit de 6,700,000 francs aurait pu être combinée de manière à porter sur des articles d'une utilité moins contestable. Si les quarante-trois mille drapeaux peuvent être distribués aux gardes nationales et aux communes, que faire des cent trente mille écharpes ? A quel usage peut-on employer des milliers de mètres d'étoffe tissée aux trois couleurs ? Coûteuse et stérile au point de vue économique, la commande a du moins atteint son but principal : elle a procuré un soulagement réel à la population ouvrière de la seconde ville de France, et évité peut-être de grands malheurs.

De tous les moyens mis en œuvre pour ranimer le travail, les établissements de crédit ont pris la plus forte part aux encouragements de l'État. C'est par l'intermédiaire des comptoirs d'escompte que le trésor a principalement prêté son appui aux intérêts industriels et commerciaux. Dès les premiers jours de la révolution de février, il avait été décidé qu'il serait établi dans toutes les places où les affaires avaient de l'importance, un comptoir national d'escompte alimenté par le concours de l'État, des villes et d'associés souscripteurs, et destiné à mettre le crédit à la portée des différentes branches de la production. En présence du trouble considérable survenu dans le crédit privé, il était naturel et politique de chercher des moyens de soulagement dans l'union de forces diverses isolément insuffisantes. Un comptoir d'escompte fut immédiatement formé à Paris au capital de 20 millions. L'État et la ville, qui avaient souscrit chacun pour un tiers de ce capital, renonçaient à participer aux bénéfices de l'établissement, et garantissaient, jusqu'à concurrence de leur mise, les pertes qui pourraient résulter des opérations. Le comptoir de Paris a reçu, en outre, un prêt de 3 millions. Il avait escompté, jusqu'au 15 février dernier, cent mille billets montant à près de 79 millions, et reçu à l'encaissement sur place et du dehors des effets de commerce pour une somme trois fois plus forte. Pour satisfaire à des besoins analogues, soixante-sept comptoirs ont été établis dans les départements. Le capital total de ces comptoirs s'élève à 109,249,500 francs, le tiers souscrit par l'État est conséquemment de 36,416,500 francs, sans parler d'une subvention additionnelle d'environ 7 millions. Le chiffre des escomptes directs était de 385 millions de francs au 15 février 1849, et les encaissements reçus sur place et du dehors d'environ 800 millions. Les comptoirs qui ont pris la part la plus forte à ce mouvement sont ceux de Marseille, Nantes, Bordeaux, Mulhouse, Lille, Le Hâvre et Rouen. Une même condition avait été partout imposée à l'escompte : pour être admises, les valeurs devaient être revêtues de deux signatures au moins. On s'aperçut bien vite qu'à Paris cette condition rendait les comptoirs inabordables aux petits commerçants et aux petits industriels, qui avaient pour tout moyen de crédit un actif immobilisé entre leurs mains. Quatorze sous-comptoirs, institués avec les ressources propres des industries qu'ils concernaient [1], eurent pour mission d'étendre les facilités du crédit. Étrangers eux-mêmes aux opérations de l'escompte, simples intermédiaires, les sous-comptoirs recevaient des sûretés diverses par voie de nantissement sur marchandises, titres et autres valeurs, et se portaient ensuite garants auprès des comptoirs nationaux.

Les magasins généraux complètent l'ensemble des mesures extraordinaires destinées à remplacer le crédit éteint et la circulation paralysée. Placés sous la surveillance de l'autorité, ces établissements recevaient en dépôt les matières premières et les objets fabriqués dont la crise empêchait la vente. Des récépissés extraits de registres à souche, transférant la propriété des dépôts et transmissibles par endossement, étaient remis aux déposants et formaient entre leurs mains une véritable monnaie de papier ayant sa représentation en nature [2]. Les quatre magasins généraux de Paris et ceux établis dans cinquante et une villes des départements avaient reçu, au commencement de décembre dernier, des marchandises expertisées à une valeur d'environ 70 millions. Mulhouse, Le Hâvre, Nantes, Strasbourg, méritent d'être cités au nombre des places dans lesquelles les magasins ont rendu le plus de services.

Sans l'aide donnée par l'État sous la forme d'un crédit

---

[1] Il faut excepter de cette règle le sous-comptoir des entrepreneurs du bâtiment, qui avait reçu dans l'origine une destination spéciale, et qui a obtenu de l'État pour trois années un prêt gratuit de 500,000 fr., indépendamment d'une garantie de 4,500,000 fr.

[2] La Banque de France a été autorisée à accepter les récépissés en remplacement de la troisième signature, et les comptoirs nationaux ont pu les admettre en remplacement de la seconde.

artificiel, l'industrie et le commerce seraient tombés dans une faillite à peu près générale; pas une affaire n'eût été possible. Comptoirs, sous-comptoirs, magasins publics, voilà les pivots autour desquels ont roulé toutes les opérations commerciales. A l'influence de ces établissements s'est joint le puissant concours de la Banque de France. Si les conditions rigoureuses de son escompte en interdisaient l'accès à l'immense majorité des industriels, la Banque était du moins la source où se ravivaient incessamment les forces des comptoirs nationaux. Cette grande institution a ouvert en outre d'importants crédits à des industries spéciales : les usines métallurgiques des départements, le commerce des métaux et la fabrication des cuirs à Paris, ont largement participé à ces avances [1].

Tous ces moyens de soulagement agissaient sur les intérêts industriels et sur le commerce à l'intérieur de la France. On y joignit des primes pour stimuler l'exportation de certains produits entassés dans les fabriques. Par un arrêté du 10 juin, dont la légalité a été contestée, les *drawbacks* [2] déjà existants ont été relevés de 50 pour 100 jusqu'au 31 décembre 1848; durant le même espace de temps, les tissus de soie et de fleuret, les tissus de lin et de chanvre de fabrication française ont joui, à la sortie, d'une prime de 4 et demi pour 100 de la valeur. En temps ordinaire, les objections dont l'arrêté de juin a été assailli sous le rapport de la légalité auraient dû peut-être soule-

---

[1] La Banque de France n'a pas perdu de vue ses propres intérêts. La fusion des banques locales, convoitée depuis si longtemps, a été le prix principal de son concours après la révolution de février.

[2] Le drawback est la restitution du droit payé à l'entrée des matières premières.

ver des scrupules sérieux ; mais, dans un moment où la limite des attributions de chaque pouvoir n'était pas encore fort nettement dessinée, en présence de nécessités impérieuses, nous ne pensons pas qu'il y eût un grand intérêt à scruter trop sévèrement les articles de lois sur lesquels le gouvernement avait basé sa décision. Sagement calculé, l'expédient était restreint d'ailleurs dans d'assez étroites limites. Si on envisage les résultats obtenus, on doit reconnaître qu'il a amené un mouvement sensible dans les exportations. Les tissus de soie et les fils et tissus de laine partagent à peu près par moitié les sommes payées pour primes temporaires et *drawback* additionnel. Les autres industries admises à jouir du même avantage n'y participent guère qu'en des proportions comparativement insignifiantes. Les primes temporaires de 4 et demi pour 100 sont montées en bloc à 2,191,015 fr. environ, ce qui suppose des exportations pour une somme de 48,689,222 fr. Le total de la dépense, en y comprenant le *drawback* additionnel, arrive à 4,578,000 fr. [1]. Sans l'élan donné au commerce par cet appât exceptionnel, on peut hardiment affirmer, en prenant pour base la diminution même qui s'est manifestée malgré la prime, que les deux tiers au moins des exportations privilégiées auraient fait défaut à nos manufactures.

A ces subventions abondantes accordées par le trésor à l'industrie et au commerce, à titre de prêts directs, commandes extraordinaires, avances aux établissements de

---

[1] Les primes n'étant pas définitivement liquidées pour le dernier trimestre de 1848 au moment où ces chiffres sont recueillis, l'évaluation en a été faite par approximation.

crédit, primes et *drawbacks*, il faut ajouter encore les commandes faites sur le budget courant et qui n'ont pas exigé de fonds spéciaux [1]; il faut ajouter les efforts des départements et des villes. Toutes les ressources disponibles absorbées, l'avenir a été grevé soit pour soutenir certaines fabrications locales, soit pour donner du pain à la population ouvrière. Les bureaux de bienfaisance ont vu s'accroître immensément le cercle de leur clientèle par les progrès de la misère publique. L'industrie, de son côté, a tiré de son sein d'énergiques moyens de résistance. Dans un grand nombre de places commerciales, nous voyons les négociants former des associations pour se prêter un secours mutuel, pour favoriser l'écoulement des fabriques ou pour soutenir le crédit.

Comment s'expliquer que des efforts aussi divers, des sacrifices aussi considérables, n'aient pas produit en définitive des résultats plus significatifs? Considérez ce qu'elle a coûté, et l'œuvre paraît immense; comparez au contraire les effets obtenus aux exigences de la situation, et vous resterez stupéfait de la prodigieuse insuffisance des moyens mis en œuvre. C'est que les remèdes employés agissaient seulement sur les conséquences sans re-

---

[1] Nous ne devons pas compter ici les 20 ou 24 millions dépensés pour les ateliers nationaux, dont l'organisation a été si funeste à l'industrie. Nous omettons également les 50 millions votés pour les colons de l'Algérie, qui doivent, dans l'avenir, procurer au pays une large compensation pour les sacrifices actuels; ce secours profitait à la population laborieuse et non à l'industrie proprement dite. Il en faut dire autant de certaines allocations à des genres de travaux étrangers à l'ordre industriel, par exemple, les 200,000 francs votés pour les beaux-arts, 100,000 francs pour les lettres, 680,000 francs pour les théâtres, etc., etc.

monter à la cause même du mal. Faut-il reprocher aux pouvoirs éphémères qui se sont succédé après le 24 février de n'avoir pas exercé d'action sur les principes élémentaires du désordre industriel? Incertains eux-mêmes de leur lendemain, qu'auraient-ils pu opposer aux incertitudes qui glaçaient la confiance? En gagnant du temps par de simples palliatifs, ils léguaient à leurs successeurs la tâche plus haute de substituer aux expédients d'un jour les mesures générales qui embrassent l'avenir et replacent la société dans les voies normales de son développement. Comment le gouvernement actuel pourra-t-il suffire à cette grande mission? quels sont les éléments qu'il doit chercher à contenir? quels sont ceux dont il doit favoriser l'influence au sein de notre système économique? C'est demander quelle est la politique industrielle la plus propre à réparer les désastres d'où nous sortons à peine.

III.

Parmi les causes qui ont provoqué les cruelles convulsions économiques des dix derniers mois de l'année 1848, celles qui tenaient à l'ébranlement politique et à l'état provisoire de l'autorité ont perdu de leur influence. Malgré l'attitude violente des partis extrêmes, le pays veut l'ordre, non cet ordre trompeur qui aboutit à une périlleuse immobilité, mais l'ordre qu'engendre le jeu régulier des institutions et d'où naissent à la fois la sécurité et le progrès. Ce sont des conditions meilleures pour l'industrie que celles de l'année dernière. Nos manufactures en ont déjà profité. Dès le mois de janvier, le mouvement s'est fait sentir; les travaux ont été repris à peu près sur tous les points. Nos grandes fabrications ont paru animées d'une vie nouvelle. Lyon a reçu d'importantes commandes de l'étranger et surtout de l'Amérique; Rouen, Lille, Roubaix, Mulhouse, Sainte-Marie-aux-Mines, etc., stimulées par le retour de la confiance et les demandes du commerce, se sont activement préparées aux ventes du printemps et de l'été. Cette activité renaissante, que de fatales circonstances viennent de ralentir, avait été d'autant plus sensible, que la pensée en opposait naturellement le contraste à la désolante inertie de nos fabriques il y a un an. Elle s'était encore accrue par les efforts de nos manufacturiers pour figurer dignement à l'exposition quinquennale, où ils se sont empressés d'accourir. Par malheur il reste encore des raisons d'inquiétude et de trouble qui survivent au bouleversement politique. Un mauvais germe, couvé depuis longtemps et éclos sous l'atmosphère embrasée de la révolution, agit comme un fâcheux dissolvant au sein du corps industriel. C'est là un mal plus grand que l'immobilité temporaire des métiers, et qui oblige à rappeler quelques vérités fondamentales.

Considérée dans son essence même, l'industrie est un moyen de rapprochement et d'union. Plus elle étend ses triomphes sur le monde matériel, et plus les hommes sentent le besoin qu'ils ont les uns des autres. Rien de plus juste que de réprouver, au nom de ces idées, les institutions arbitraires qui tendent à diviser les éléments de la société industrielle et sèment ainsi la défiance et l'hostilité ; mais partir de là pour nier que l'industrie ait besoin du concours de forces différentes ayant chacune ses conditions essentielles, c'est méconnaître les exigences complexes de la production. Les théories qui attaquent soit de front, soit par des voies détournées, l'existence même d'un élément aussi nécessaire que le capital, aboutissent forcément à la ruine de l'industrie. Est-il d'ailleurs une preuve plus convaincante de la nécessité de cet élément, sous une forme ou sous une autre, que l'évidente stérilité des combinaisons inventées pour suppléer à son absence? Au sein de ces régimes imaginaires, le travail qu'on s'imaginait favoriser, s'allanguit bientôt, faute d'un stimulant énergique. Au lieu de chercher seulement à contenir l'abus de l'influence du capital, on a, par une synthèse imprudente, éteint un des principes indispensables à la vie industrielle.

On peut s'étonner qu'il faille discuter sérieusement une erreur aussi palpable, qui attaque bien moins encore les existences établies que les intérêts de la civilisation universelle, et qui anéantit l'industrie, c'est-à-dire un des meilleurs moyens d'atteindre au but suprême de toute société, la participation du plus grand nombre aux avantages sociaux. On se demande comment une telle erreur a pu faire assez de progrès pour causer quelque inquiétude au gouvernement actuel. La réponse est facile : c'est que, fils du xviiie siècle et de la révolution française, nous sommes pétris de leurs enseignements, qui peuvent se résumer en un mot : l'égalité. Nous portons de plus au dedans de nous-mêmes un désir très naturel et très légitime, quand il est contenu comme tous nos instincts ont besoin de l'être : le désir d'améliorer notre sort. Les doctrines qui ébranlent l'ordre social, en cherchant à dissoudre les éléments du corps industriel, font appel à ces deux sentiments. Elles les irritent, elles les égarent et y puisent une force incalculable. S'adressant généralement à des hommes dont l'intelligence n'est pas assez exercée pour distinguer les fausses conséquences d'une idée de ses corollaires légitimes, elles réussissent sans peine, en promettant le bonheur, à éblouir les yeux et à entraîner les esprits. L'ordre social échappera sans aucun doute aux coups dont il est assailli. Toutes les pages de l'histoire nous l'enseignent : les épreuves successives, même les plus douloureuses, que l'humanité traverse, profitent en définitive au triomphe de la vérité; mais quelle digue la société peut-elle opposer au torrent? Si les grands principes qui forment sa base sont éternellement vrais, quelle en sera l'égide et la sauvegarde? Comment abréger les temps difficiles et hâter le jour du triomphe? Faut-il heurter de front les deux idées qui sont à la racine des utopies contemporaines? Ce serait s'exposer soi-même à sortir des voies de la justice et prêter à ses adversaires de nouveaux moyens de séduction. Le pouvoir social dispose d'une arme plus infaillible : sur le terrain de ceux qui l'attaque, il sera bien plus fort qu'eux quand il voudra résolument user de sa force. Ils y portent des rêves; il peut y porter des réalités. Son action intelligente peut développer efficacement les conditions du bien-être, soit dans l'ordre moral, soit dans l'ordre matériel. C'est donc en dernière analyse dans les sentiments invoqués pour la renverser que la société trouvera son affermissement, car elle a seule les moyens de les satisfaire dans toute la limite du juste et du possible.

L'exemple du gouvernement de juillet doit nous éclairer sur certaines exigences qu'il avait méconnues et nous prémunir contre les fautes dans lesquelles il était tombé. Rien n'avait été essayé pour ralentir le mouvement qui poussait l'industrie à s'agglomérer dans les grands centres de population où la vie est si incertaine et la misère si fréquente. Des études récentes ont nettement mis en saillie l'urgente nécessité de favoriser sous ce rapport, dans l'intérêt des familles ouvrières et de la moralité publique, l'éparpillement des manufactures [1]. Après les expériences que nous avons traversées, il serait en outre impardonnable de s'abandonner aux exagérations du système manufacturier. En stimulant la production au delà des justes bornes, on augmente les vicissitudes inhérentes à la vie industrielle, on grossit les mauvaises chances de cette vaste loterie où tant d'existences sont intéressées. Depuis une année, l'excès a été cruellement réprimé ; l'*overproduction*, comme disent les Anglais, a disparu dans un abîme. Les établissements créés dans des conditions défavorables, qui vivaient d'une vie factice, sont anéantis. S'il était permis de chercher une consolation aux calamités qui nous ont atteints, nous la verrions dans un fait incontestable, c'est que la tempête a nettoyé la voie et laissé la place libre pour une production appropriée aux véritables besoins. Il devient plus facile dès lors de modérer et de guider le mouvement de l'industrie ; mais à cette mission correspond la tâche de porter notre éducation commerciale, trop longtemps négligée, au niveau de notre éducation industrielle.

Cette œuvre, dont l'importance est aujourd'hui parfaitement appréciée, entraîne-t-elle pour le gouvernement l'obligation de se substituer aux entreprises individuelles ou de subventionner des compagnies ? Assurément non ; nous avons vu les inconvénients indissolublement attachés à

---

[1] Voyez le *Rapport sur les Classes ouvrières en France pendant l'année* 1848, par M. A. Blanqui, 2 vol. in-18, chez Firmin Didot.

ces modes factices de ranimer la vie commerciale. Nécessairement complexe comme les grands intérêts qu'elle concerne, l'action du pouvoir sur le commerce suppose d'abord que tous les services qui tendent à mettre le pays en communication avec les autres peuples seront organisés en vue de garantir la rapidité et la sécurité des relations. Ainsi, en Angleterre, les postes, les grandes lignes de paquebots transatlantiques, les canaux, les chemins de fer, etc., etc., répondent visiblement à un mouvement d'expansion du dedans au dehors. Chez nous, tout semble avoir été calqué, au contraire, en vue d'une concentration perpétuelle. Avons-nous essayé, par hasard, d'échapper à cette tendance, les tentatives ont été promptement abandonnées. On avait fait beaucoup de bruit, par exemple, au sujet d'un certain nombre de lignes de paquebots qui devaient rattacher aux deux Amériques nos grands ports de commerce ; un des services tant promis était parvenu à s'établir : nous n'avons pas à juger ici la constitution particulière de la compagnie qui l'exploitait ; mais, au point vue de nos relations commerciales, il est très fâcheux d'avoir échoué dans la réalisation d'une pensée que l'avenir promettait de féconder. Divers projets avaient été mis en avant pour relier aux lignes des paquebots anglais de l'Inde orientale l'île de la Réunion et nos possessions du canal Mozambique ; on aurait pu porter ainsi dans les parages de Madagascar, où les traités consacrent nos droits, un principe d'activité commerciale et un élément de civilisation : tous les plans se sont évanouis par défaut de résolution dans le gouvernement, de hardiesse dans le commerce. Nous ne pouvons pas sans doute aspirer, sous le rapport des moyens d'expansion à l'extérieur, à une assimilation complète avec la Grande-Bretagne, dont nous séparent de nombreuses différences ; il est indispensable cependant de nous inspirer de sa pensée, autant que le permet notre situation particulière. Nos voisins nous présentent encore d'autres exemples utiles à consulter. Le commerce britannique tire, comme on sait, une force incalculable de son intime union avec l'industrie manufacturière. Si le gouvernement français n'est pas libre d'introduire tout d'un coup parmi nos fabricants l'habitude de s'intéresser dans les exportations, il dispose néanmoins d'une influence assez grande pour ménager peu à peu un résultat aussi désirable. Dans ses relations quotidiennes avec l'industrie, par l'intermédiaire d'institutions spéciales, il peut mettre en saillie les avantages d'un rapprochement et d'une alliance entre les manufacturiers et les armateurs. Le jour où les forces isolées se seront réunies en un même faisceau, le jour où nos fabricants prendront un intérêt direct dans les expéditions lointaines, le commerce extérieur de la France aura une base solide sur laquelle il pourra s'organiser et s'étendre.

Le gouvernement doit, en outre, au commerce, tous les renseignements susceptibles d'éclairer sa marche. Par les agents qu'il entretient au dehors, par les missions confiées à notre marine, il reçoit chaque jour de nombreuses informations qui lui donnent le moyen de constater les besoins, les goûts des différents peuples, l'importance des divers marchés, et de mettre incessamment sous les yeux de nos négociants l'état réel et mobile du monde commercial. Depuis plusieurs années, divers documents de ce genre ont été mis en lumière; mais, malgré tout le soin avec lequel l'œuvre a été commencée, il n'était pas possible d'atteindre immédiatement au but. Il faut un temps plus long et des efforts patients pour que le commerce français sorte enfin de l'ignorance où il a été longtemps laissé.

L'actif concours de la diplomatie peut aussi faciliter son développement et aider puissamment à ses progrès. C'est dire qu'en restant fidèle aux autres devoirs qui lui sont imposés, la politique extérieure de la France doit s'inspirer sans cesse des besoins du commerce et s'efforcer, par des traités spéciaux, d'élargir ses débouchés. Trop de dispositions exclusives, tristes débris d'un autre temps, trop de mesures vexatoires et onéreuses existent encore dans les législations étrangères. C'est faute de les avoir bien connues que nous avons, dans des conventions déjà anciennes, joué visiblement un rôle de dupes. Chaque jour, d'ailleurs, quelques circonstances particulières poussent tel ou tel gouvernement étranger à adopter certaine mesure qui nous ferme un marché et se résout en une perte immédiate pour nos commerçants et pour nos manufacturiers ; il appartient à la diplomatie de prévoir et de prévenir des coups aussi funestes. Quand elle se sera bien pénétrée des grands intérêts économiques confiés à sa vigilance, nous ne la verrons pas, comme cela est arrivé plus d'une fois, ignorer jusqu'au dernier moment les dispositions qui nous atteignaient, et se borner alors forcément à de tardives et stériles représentations. L'histoire de nos traités de commerce et de navigation et de nos conventions postales depuis trente années établit clairement que nos envoyés à l'extérieur ont manqué trop souvent d'informations exactes sur les détails des législations étrangères, de connaissances pratiques dans les questions qui intéressent le plus le commerce national, et de cette habileté prévoyante et décidée qui triomphe des **difficultés** en sachant tout d'abord en pénétrer le caractère et en mesurer l'étendue. Faut-il rappeler, par exemple, comment, après avoir, sous la vaine promesse d'une **réciprocité de traitement, ouvert nos ports aux vaisseaux anglais,** notre marine marchande a rencontré des obstacles imprévus et insurmontables dans les exigences fiscales d'institutions particulières ou dans des priviléges locaux consacrés par des lois vieillies? Faut-il qu'en réglant les conditions du régime postal avec le même pays, nous admettions les journaux anglais sous un droit analogue à celui de nos feuilles quotidiennes, tandis que certaines de nos publications périodiques restaient assujetties à une taxe dix fois plus élevée? Pour les colonies anglaises, les Indes orientales par exemple, le traitement réservé à la France est encore plus sévère; variant suivant les villes, le droit perçu équivaut à une prohibition complète. Quand nous avons traité avec la Belgique pour le même objet, nous avons reçu les journaux belges moyennant la taxe postale imposée aux journaux français, et nos feuilles périodiques, en franchissant la frontière, se sont vues assujetties à un droit supplémentaire de timbre qui double les frais de poste. Combien de fois notre gouvernement n'a-t-il pas été assailli des plaintes légitimes de l'imprimerie et de la librairie nationales contre l'audacieuse piraterie des contrefacteurs belges! Qu'a-t-on essayé pour combattre ou pour atténuer une atteinte aussi audacieuse à la propriété intellectuelle? Nos exportations de livres se sont abaissées de plus en plus; notre librairie a été réduite aux abois. Ce que nous disons d'une industrie, nous pourrions le dire de beaucoup d'autres. La diplomatie ne s'est point assez préoccupée des intérêts économiques du pays. Elle a aujourd'hui devant elle une œuvre immense qu'il n'est plus possible d'ajourner. Pour l'accomplir, elle peut prendre exemple sur la diplomatie britannique. Les agents anglais se font remarquer dans tous les pays par une rare perspicacité à pressentir les difficultés qui pourraient nuire aux intérêts commerciaux de leur nation et par une indomptable ténacité à les combattre. Ils ont derrière eux une longue tradition d'efforts dont ils poursuivent fidèlement le cours ininterrompu. Ils obéissent aussi à ce que nos voisins appellent *la pression du dehors*. L'impérieuse nécessité d'ouvrir des marchés aux produits nationaux est, de l'autre côté du détroit, une de ces vérités incontestées qui se résument en un sentiment populaire. Chacun comprend à merveille qu'une fois que l'industrie suffit aux exigences qu'elle est appelée à satisfaire au dedans, son développement et sa prospérité sont subordonnés à l'état du commerce extérieur. Production et exportation sont alors deux idées essentiellement corrélatives l'une de l'autre. La masse des produits dépasse-t-elle les demandes de l'étranger, les catastrophes économiques deviennent aussitôt imminentes. Si le gouvernement anglais ne parvient pas toujours à équilibrer les deux termes, c'est là du moins l'invariable tendance de sa politique.

En France, nous marchons depuis longtemps au hasard, sans avoir un système déterminé et conforme à notre situation spéciale. Il faut remonter au delà de 1789, jusqu'à l'ancienne monarchie, pour retrouver des intentions vraiment systématiques ; c'est, du reste, une tâche difficile que de tracer la ligne où nous devons entrer et de marquer ainsi le point de départ d'une tradition nouvelle. Tant qu'on n'aura pas résolu ce problème, en tenant compte tout à la fois de l'état de nos fabriques, de notre amoindrissement colonial et des nécessités politiques, il faut s'attendre à des oscillations fréquentes, et, en définitive, à dépenser beaucoup d'argent et de soins, sans qu'il en résulte des facilités nouvelles pour l'écoulement de nos produits. L'industrie ne serait qu'un moyen de richesse, comme on a longtemps pu le croire, qu'on devrait déjà se préoccuper de sa destinée; mais elle a un plus noble rôle à remplir dans la société; elle est, avant tout, un puissant agent de civilisation. Le vaste champ ouvert au travail forme une arène où les peuples exercent leurs génies divers pour le bien général des hommes, et où les conquêtes réalisées deviennent un fonds commun, source certaine de nouveaux progrès. La France y brillera toujours, nous l'espérons, par une initiative hardie, ingénieuse, que distinguent un goût délicat et un vif sentiment de l'harmonie des formes. Affaiblie par une crise sans exemple dans l'histoire, notre industrie porte en elle une force vitale qui l'a soutenue durant l'épreuve et qui lui conserve encore sa glorieuse mission. Il dépendra de la politique destinée à gouverner ses mouvements au dedans et au dehors d'élargir et de féconder ses efforts infatigables. Pour cela, c'est notre dernier vœu, il faut avant tout que les pouvoirs publics soient maîtres enfin de consacrer aux progrès pratiques et aux améliorations sociales une attention et des soins que les violences des factions ont absorbés jusqu'à ce jour dans une stérile défensive.

NOTE SUR L'EXPOSITION
DES PRODUITS DE L'INDUSTRIE
EN 1849.

L'Exposition, où se pressent en ce moment les produits de nos manufactures et qui excite à un si haut degré l'intérêt du public, atteste avec éclat la force vitale de l'industrie française. Personne n'aurait osé espérer, il y a un an, qu'après avoir été si cruellement bouleversée par une crise sans exemple dans les annales d'aucun peuple, la fabrication nationale pourrait aujourd'hui présenter au public d'aussi remarquables produits. L'Exposition de 1849 datera dans les fastes industriels de la France pour le nombre, la diversité, la beauté, la valeur commerciale des objets dont elle offre le magnifique étalage. Jamais notre pays n'avait été convié à une solennité de ce genre qui fût plus digne de son admiration réfléchie.

Cette Exposition a d'abord le mérite d'être parfaitement franche et de répondre ainsi à merveille au but même de l'institution. Le temps et les moyens auraient manqué à l'industrie pour se parer de faux et coûteux atours, quand même elle l'aurait voulu, avant d'affronter le grand jour de cette solennelle publicité. Aussi n'y a-t-il guère à l'Exposition de ces produits singuliers, véritables tours de force réalisés à l'aide de beaucoup de temps et de beaucoup d'argent, de ces pièces curieuses qui cherchent à séduire les yeux du public sans utilité pour lui. L'industrie s'offre à nos regards avec des articles courants, ayant une valeur commerciale et une utilité réelle. Nos fabricants ont travaillé pour tout le monde. Leur véritable clientèle, la vraie source de leurs profits, c'est évidemment la masse des consommateurs. Il ne faudrait pas regarder bien loin en arrière pour rencontrer des illusions contraires. Ainsi, dans les dernières années de la restauration, à l'Exposition de 1827, beaucoup trop d'industriels n'avaient évidemment songé qu'à faire acheter leurs produits par le mobilier de la cour ou par quelques grandes existences. Ces espèces de chefs-d'œuvre n'appartenaient point, à vrai dire, au domaine de l'industrie. Se croyait-il fabricant, par exemple, cet exposant d'alors qui était parvenu, après deux années de travail, à confectionner un tapis de pied avec trois ou quatre mille plumes d'autruche ?

Aujourd'hui, le véritable triomphe de l'industrie consiste à mettre de bons produits à la portée du plus grand nombre des consommateurs. Les événements politiques ont poussé nos fabriques dans cette voie. Sous le gouvernement de juillet, le mouvement s'était déjà fortement prononcé. Quiconque y résisterait courrait à une ruine certaine. Il n'y a plus de place dans notre société pour ces compositions dont la bizarrerie élevait seule le prix, mais cette tendance vers l'utilité ne doit exclure ni le bon goût ni l'élégance ; elle admet même des produits coûteux, soit à cause des matières dont ils sont formés, soit à cause de la délicatesse du travail, pourvu que ces objets rentrent dans les conditions générales de la fabrication et soient véritablement des produits industriels. Cette année, par exemple, il suffit de parcourir les galeries des Champs-Élysées pour reconnaître que si nos fabricants ont cédé à la loi du temps, ou, pour mieux dire, à l'inévitable loi des sociétés industrielles, ils sont restés fidèles à ce sentiment de l'harmonie des formes qui fait la distinction et la gloire des manufactures françaises. Considérez l'exposition des articles de la ville de Roubaix, où l'on est parvenu à un si haut degré de perfection; les beaux tissus d'Elbeuf, qui se surpassent eux-mêmes; ceux de Sedan, qui restent dignes de leur grande réputation; les toiles peintes de l'Alsace; toute la splendide série des dentelles; les châles de Nîmes et de Lyon, les mousselines de Tarare, les tapis de quelques fabriques, et vous verrez partout que, dans la phase nouvelle où elle est entrée, notre industrie a encore développé ses qualités traditionnelles. L'élégante fantaisie, qui sera toujours une condition de l'art et qui répond à un besoin vrai de la nature humaine, doit conserver sa place dans une certaine sphère de l'industrie; elle s'exercera seulement de plus en plus sur des objets utiles. La galerie des produits riches à l'Exposition ne nous offre même presque plus de ces articles d'un luxe futile, qui ne sauraient s'appliquer à rien. Là aussi on a plié le luxe sous le niveau de l'utilité.

Au mérite d'une parfaite franchise et d'un caractère éminemment industriel, l'Exposition joint encore celui d'un excellent classement. Sans classification méthodique, les observations seraient extrêmement difficiles, sinon impossibles. Pour que l'œil puisse saisir l'ensemble d'une fabrication et apprécier ses progrès, il faut que les produits d'une même nature soient rapprochés les uns des autres. C'est, d'ailleurs, le seul moyen de comparer et de juger le mérite des fabricants. Aux premières expositions qui eurent lieu en France, les objets exposés étaient peu nombreux et échappaient à tout classement. L'œil se retrouvait sans peine dans une enceinte étroite; mais, plus tard, quand l'institution prit des développements, on s'aperçut qu'il ne serait plus possible d'entasser les produits au hasard, sans tenir compte des ressemblances ou des affinités. L'Exposition de 1827, où manquait toute idée de méthode, servit au moins à en faire mieux comprendre l'impérieuse nécessité. Un homme, qui avait suivi cette Exposition avec beaucoup de soin et qui l'avait critiquée avec une grande finesse de vues, M. Adolphe Blanqui, s'exprimait ainsi à ce sujet : « Ce désordre, poussé au « comble, a produit l'état de confusion dont on a pu juger « cette année, et qui a été si contraire aux intérêts des « fabricants, aux observations régulières du public, et « peut-être à l'examen du jury. Pour éviter de pareils « abus, des hommes instruits dans chacune des branches « de la production devraient présider à la disposition de « leurs produits, et les ranger dans un ordre capable de « faciliter les plus minutieuses investigations. L'agent su- « périeur, chargé de la distribution des places, en accor- « derait aux exposants selon l'importance de leurs pro- « duits, plutôt qu'au gré de ses caprices ou de leurs im- « portunités ; et l'on ne verrait plus de caisses de soieries « ou de mousselines précieuses oubliées sous les tables, « tandis que les perruques, les souliers et les soques occu- « paient un espace peu proportionné à leur utilité. »

De l'Exposition de 1834 date l'ère des classifications raisonnées. Des améliorations remarquables furent encore introduites, sous ce rapport, en 1839 et surtout en 1844. Cette année, l'ordre adopté est irréprochable et fait honneur aux agents qui ont dirigé le placement des produits.

Le classement était d'autant plus difficile que le nombre des exposants était plus considérable. Ce nombre dépasse de plus d'un dixième celui de 1844. Il était de 3,960 il y a cinq ans ; il est aujourd'hui de 4,532, sans y comprendre ni les horticulteurs ni les éleveurs. Des produits ont été envoyés de tous nos grands centres industriels. Le département du Nord compte 120 exposants ; celui de la Seine-Inférieure 117 ; le Rhône 100 ; le Haut-Rhin 39 ; la Loire 38. Dans la Seine, le chiffre s'en élève à 2,851. Quatre départements seulement ne figurent pas à l'Exposition, ce sont l'Ariége, la Corse, les Landes et le Lot. L'Algérie, au contraire, y brille par des produits qui prouvent la fécondité de son sol et attirent à juste titre les regards des visiteurs français et étrangers. Nous ne citons pas ici le nombre élevé des exposants en 1849 comme indice de l'état de l'industrie. Impérieusement obligés d'écouler leurs produits, les fabricants n'ont pas voulu perdre une occasion de publicité ou en laisser le bénéfice à quelques-uns d'entre eux ; telle est la principale raison de l'empressement qu'ils ont montré. Un fait plus digne de remarque, et sur lequel nous ne saurions trop insister, c'est qu'à peine échappés à la terrible tourmente de 1848, ils sont restés au niveau de leur renommée. Ils l'ont même dépassé ; car l'Exposition actuelle, comparée à la précédente, témoigne que presque toutes nos industries sont en progrès.

Il n'y a guère de branches du travail manufacturier dans lesquelles on n'ait pas réalisé, depuis cinq années, de nouveaux perfectionnements. Nous n'avons pas pour but d'examiner ici en détail les produits étalés sous les vastes galeries du grand carré des fêtes; nous voulons seulement préciser les caractères principaux de l'Exposition de 1849. Il a été impossible, cependant, de ne pas mentionner déjà certaines manufactures qui brillaient du plus vif éclat. C'est, d'ailleurs, un des traits saillants du concours ouvert en ce moment que le progrès à peu près général des industries, et auquel ont plus ou moins participé toutes les fabrications déjà citées. Jamais, par exemple, les dessins des toiles peintes de Mulhouse n'avaient encore offert à l'œil une pareille pureté de lignes; jamais, à Roubaix, à Elbeuf, à Sedan, le tissage n'avait présenté autant de finesse et d'élasticité. Si une ou deux maisons semblent tombées un peu au-dessous d'elles-mêmes, combien d'autres se sont maintenues dans la voie des efforts et des perfectionnements! Nous n'avons rien à dire des châles de grand luxe : les articles de ce genre ne sont point supérieurs à ceux qui avaient passé sous nos yeux en 1844; les châles à bon marché, au contraire, qui paraissaient déjà n'avoir plus rien à gagner, sont cependant arrivés à des conditions encore meilleures. On ne saurait rendre trop de justice à cette infatigable industrie. Un fait analogue se produit pour les tapis : ce ne sont pas les tapis de luxe dont les améliorations méritent le plus les regards du public; ceux d'un prix plus accessible, les moquettes de Nîmes, par exemple, ont eu une bien plus grande part dans les améliorations réalisées par cette fabrication spéciale. Parmi les articles trop rares de la fabrique lyonnaise, la splendide portière de M. Yemeniz est un triomphe pour la tapisserie; la bordure surtout forme un chef-d'œuvre d'art et de goût. C'est bien, il est vrai, un objet de luxe d'un travail immense, mais qui ne sort point du domaine de la haute industrie [1].

Nos diverses filatures de laine, de coton, de soie, de lin, de chanvre, ont notablement amélioré leurs produits. La présente Exposition fait honneur à leurs efforts; elle renferme des fils des numéros les plus élevés, qui peuvent soutenir la concurrence avec les plus beaux produits des filateurs étrangers. Les progrès de presque toutes nos fabrications se lient étroitement à ceux de la mécanique. On est heureux de voir dans la galerie des machines que nos constructeurs se sont associés, en une forte mesure, au mouvement progressif de l'industrie. Simplifier les rouages, diminuer les frottements qui usent les ressorts, maîtriser les engins employés, et, en définitive, augmenter l'*effet utile* des forces, tel est le but constant de la mécanique. On s'est beaucoup avancé dans cette voie de perfectionnement depuis 1844. Le mérite d'un grand nombre d'outils exposés est digne surtout d'une mention spéciale. Il y a là bien des difficultés vaincues, bien des facilités nouvelles fournies au travail. Nos constructeurs de grandes machines et de ces vastes métiers qu'emploient les filatures, ont envoyé à cette Exposition des appareils qui ne perdraient rien dans un rapprochement avec les produits des meilleurs constructeurs de l'Angleterre.

---

[1] La portière de M. Yemeniz a 3 mètres et demi de large ; elle a nécessité l'emploi de 290,000 cartons, et exigé 183 coups de navette par centimètre carré.

L'industrie parisienne proprement dite, plus rudement maltraitée qu'aucune autre durant la crise de l'année dernière, est venue étaler ses malheurs et sa gloire : ses malheurs, car elle ne s'est point encore tout à fait relevée des coups qu'elle a subis, car chacune de ses productions évoque le souvenir de cruelles souffrances; sa gloire, car elle est demeurée digne de son passé, car elle n'a déserté aucune des traditions de l'art ni du bon goût. Les meubles, les bronzes, la bijouterie, l'orfévrerie, l'argenture et la dorure, la tabletterie, la reliure, en un mot, tout le brillant essaim des articles de Paris apparaît dans les galeries des Champs-Élysées sous un aspect qui peut au moins nous rassurer pour la conservation des débouchés extérieurs.

Si on veut réunir en bloc les caractères principaux de l'Exposition de 1849, on verra en dernière analyse qu'elle se distingue par la valeur industrielle et commerciale, par l'utilité réelle des objets exposés ; par le classement méthodique des produits et enfin par le progrès général de nos grandes industries. De telles conditions suffisent bien pour qu'on puisse appliquer à cette solennité ces paroles prononcées par François de Neufchâteau, inaugurant, sous la première république, l'Exposition de l'an VI : « Ce spec« tacle est bien vraiment républicain ; il ne ressemble « point à ces pompes frivoles dont il ne reste rien d'utile. »

— 65 —

ETAT numérique, par département, des Exposants de produits manufacturiers.

(L'Ariége, la Corse, les Landes, le Lot n'ont pas exposé.)

DÉPARTEMENTS.	Nombre des Exposants.	DÉPARTEMENTS.	Nombre des Exposants.
Ain.	9	Report.	637
Aisne.	22	Maine-et-Loire.	17
Allier.	7	Manche.	8
Alpes (Basses-).	3	Marne.	35
Alpes (Hautes-).	1	Marne (Haute-).	17
Ardèche.	13	Mayenne.	19
Ardennes.	39	Meurthe.	26
Aube.	13	Meuse.	5
Aude.	10	Morbihan.	9
Aveyron.	4	Moselle.	29
Bouches-du-Rhône.	21	Nièvre.	11
Calvados.	28	Nord.	120
Cantal.	3	Oise.	29
Charente.	17	Orne.	22
Charente-Inférieure.	7	Pas-de-Calais.	24
Cher.	7	Puy-de-Dôme.	53
Corrèze.	4	Pyrénées (Basses-).	7
Côte-d'Or.	10	Pyrénées (Hautes-).	2
Côtes-du-Nord.	6	Pyrénées-Orientales.	4
Creuse.	7	Rhin (Bas-).	45
Dordogne.	11	Rhin (Haut-).	39
Doubs.	18	Rhône.	100
Drôme.	12	Saône (Haute-).	11
Eure.	29	Saône-et-Loire.	11
Eure-et-Loir.	9	Sarthe.	17
Finistère.	23	Seine.	2,851
Gard.	57	Seine-Inférieure.	117
Garonne (Haute-).	15	Seine-et-Marne.	23
Gers.	1	Seine-et-Oise.	50
Gironde.	21	Sèvres (Deux-).	2
Hérault.	9	Somme.	27
Ille-et-Vilaine.	15	Tarn.	9
Indre.	3	Tarn-et-Garonne.	8
Indre-et-Loire.	35	Var.	2
Isère.	26	Vaucluse.	4
Jura.	16	Vendée.	4
Loir-et-Cher.	7	Vienne.	6
Loire.	38	Vienne (Haute-).	23
Loire (Haute-).	2	Vosges.	31
Loire-Inférieure.	27	Yonne.	5
Loiret.	27	Algérie.	72
Lot-et-Garonne.	2	Guadeloupe.	1
Lozère.	3	Total.	4,332
A reporter.	637		

RELEVÉ GÉNÉRAL DES EXPOSITIONS DE L'INDUSTRIE.

NUMÉROS D'ORDRE.	OUVERTURE.		JOURS.	LIEU DE L'EXPOSITION.	NOMBRE	
	JOURS ET MOIS.	ANNÉE.			des EXPOSANTS.	des RÉCOMPENSES.
1.	3 derniers jours complémentaires.	1798 (an VI).	3	Champ-de-Mars.	110	23
2.	5 jours complémentaires.	1801 (an IX).	6	Louvre.	229	80
3.	Idem.	1802 (an X).	7	Idem.	540	254
4.	Idem.	1806.	24	Esplanade des Invalides.	1,422	610
5.	25 août et suivants.	1819.	35	Louvre.	1,662	869
6.	Idem.	1823.	50	Idem.	1,642	1,091
7.	1er août.	1827.	62	Idem.	1,695	1,254
8.	1er mai.	1834.	60	Place de la Concorde.	2,447	1,785
9.	Idem.	1839.	60	Champs-Elysées.	3,281	2,305
10.	Idem.	1844.	60	Idem.	3,960	3,253

La superficie totale des bâtiments destinés à l'Exposition de 1849 est de 22,391 mètres; la superficie couverte par les produits exposés de 9,534 mètres. En 1844, la superficie totale était de 19,497 mètres et la superficie utilisée de 9,051,25; en 1839, le premier de ces chiffres ne s'élevait qu'à 11,362 mètres et le second à 5,806.

FIN.

Imprimerie de GUSTAVE GRATIOT, 11, rue de la Monnaie.

www.ingramcontent.com/pod-product-compliance
Lightning Source LLC
LaVergne TN
LVHW051514090426
835512LV00010B/2529